Stefanie Luxat

WIE EINE WOHNUNG EIN ZUHAUSE WIRD

Fotos von Brita Sönnichsen

CALLWEY

INHALT

6
EDITORIAL

8
ANKOMMEN
12
HEJ DU, WILLKOMMEN IM SCHÖNEN NORDEN!
22
HIER GIBT'S GANZ VIEL LOFT UND LIEBE
32
DAS PARADIES FÜR SELBERMACHER UND COPYCATS

★ ★ ★

42
MUTIG SEIN
46
ALLES, NUR KEINE LANGEWEILE, S'IL VOUS PLAÎT!
56
HÜBSCH AUF DEN PUNKT GEBRACHT
64
WER HIER WOHNT? DIE PERFEKTE MISCHUNG
76
ENDLICH MAL WAS FÜR MÄNNER

84
„ES GIBT EINE GROSSE SEHNSUCHT NACH EINEM SCHÖNEN ZUHAUSE"
Expertin Carmen Gloger im Gespräch

★ ★ ★

88
PLATZ NEHMEN
92
DAS IST KUNST UND KANN NICHT WEG
100
DAS LEBEN IST DOCH EIN PONYHOF
108
DAS IST JA GANZ GROSSES KUSCHEL-KINO

116
„EINER WOHNUNG MUSS MAN ZEIT GEBEN"
Experte Wolfram Neugebauer im Gespräch

★ ★ ★

120
TÜREN ÖFFNEN
124
SETZEN SIE SICH LIEBER ...
134
WILLKOMMEN IN DER VILLA KUNTERBUNT

144
„GÄSTEN IST ES EGAL, OB ES AUFGERÄUMT IST"
Expertin Charlotte Gueniau im Gespräch

★ ★ ★

148
SCHÖNES MACHEN
152
VIELE EIGENE IDEEN? SO SIEHT'S AUS!
162
FRÄULEIN BRENNS GESPÜR FÜR IDEEN
170
HIER IST NOCH ALLES IN ORDNUNG
180
DIE GROSSE EFFEKTHASCHEREI

190
WO GIBT ES WAS? DER HERSTELLERNACHWEIS
192
IMPRESSUM, BIOGRAFIE UND DANK

Garderoben mutieren so schnell zu riesigen, unschönen Kleiderhaufen. Viel hübscher: die Masse wandert in den Kleiderschrank und die Lieblingsstücke werden wie ein Stillleben draußen inszeniert. Da guckt dann jeder gern hin.

EDITORIAL

HALLO, HERZLICH WILLKOMMEN!

Wie schön, dass Sie da sind! Ich hab' mich sehr auf Sie gefreut. Beim Ausdenken, Produzieren und Schreiben dieses Buches. Als ich bei Freunden und Bekannten über den Fußboden robbte, um Kabel zu verstecken für die schönen Fotos, die Brita Sönnichsen für dieses Buch gemacht hat, durch ihre Betten kletterte, Kissen zurechtzupfte, Wäscheständer aus dem Bild schob... Ach, Sie glauben bei den Porträtierten sieht es immer so ordentlich aus? Nein, sonst wären sie nicht meine Freunde! Natürlich habe ich hier und da ein bisschen was aufgeräumt, neu arrangiert und gestylt. Ich dachte, das Alltagschaos kennen Sie ja schon und haben es, wie ich, täglich um sich. Warum also nicht ab und zu ein bisschen träumen und daraus Motivation schöpfen.

In diesem Buch steckt ganz viel Liebe und kein Lehrauftrag. Ich hoffe, das merkt man schnell. Wie aus einer Wohnung ein Zuhause wird, ist eine sehr persönliche Geschichte. Damit das gelingt, braucht man eigentlich nur Mut, dem eigenen Geschmack zu vertrauen. Und Anregungen, ihn zu entdecken. Davon gibt es in diesem Buch reichlich. Ich habe meine Freunde und Bekannten gebeten, nicht nur ihre Haustür zu öffnen, sondern auch zu erzählen, wie sie auf ihren tollen Einrichtungsgeschmack gekommen sind, ihre Tipps und Tricks rauszurücken. Meine eigenen, die ich als Journalistin unter anderem als Leiterin des Wohn- und Kreativbereichs der Zeitschrift Brigitte, Stil-Redakteurin beim Stern, Buchautorin und Bloggerin auf ohhhmhhh.de, gesammelt habe, gibt es natürlich auch zu sehen und zu lesen. Es würde mich arg wundern, wenn Sie auf den folgenden Seiten nicht plötzlich Sätze sagen wie „Ach guck mal, tolle Idee, das würde doch super bei uns aussehen!" oder „Wo haben die das bloß her?". Ganz hinten im Buch finden Sie deshalb zu jedem Bild die Informationen, woher was stammt, also verlieben Sie sich ruhig in die Dinge, die Sie sehen.

Das Thema „Wohnen und Einrichten" liegt mir sehr am Herzen, weil es dabei um so viel mehr geht als nur das perfekte Sofa. Für mich verstecken sich dahinter größere Fragen: Wie möchte ich leben? Wie viel Platz gebe ich mir in meiner Wohnung und meinem Leben für meine Wünsche und wie kann ich das noch ausbauen? Der Alltag verlangt so viel von uns, da tut es gut, ein Zuhause zu haben, in dem man auftanken, sich entspannen und auf neue Gedanken kommen kann. Ein sicherer Hafen, von dem aus man in Abenteuer startet, um danach wieder zurückzusegeln.

Ich hoffe, dass Ihnen dieses Buch Lust und Mut macht, sich in Ihrem Leben schön einzurichten, und es Sie dazu inspiriert, darauf zu hören, was Ihnen wichtig ist und Sie lieben. Das ist vielleicht die am schwierigsten umzusetzende Einrichtungsregel, gleichzeitig die einzig wirklich wichtige.

Viel Spaß und alles Liebe,
Ihre Stefanie Luxat

RECHTS
Schaukästen für Lieblingsstücke erinnern einen an all das Schöne im Leben.

GANZ RECHTS
Hallo! Ich bin Stefanie Luxat und hoffe, Sie mit diesem Buch auf ganz viele Ideen zu bringen.

UNTEN
Nö, Bilder muss man nicht immer steif nebeneinander hängen. Sie dürfen auch die Wand hochlaufen.

IN DIESEM BUCH STECKT GANZ VIEL LIEBE UND KEIN LEHR-AUFTRAG.

Nehmen Sie Platz, wir bleiben hier länger: in diesem schönen Loft und anderen Wohnungen. Dieses Kapitel ist ein Plädoyer fürs Ankommen. Dem schönen Gegenteil vom ständigen Weiterrasen.

ANKOMMEN

ANKOMMEN

ir sind gekommen, um zu bleiben! Das sollte man denken, wenn man in eine neue Wohnung zieht. Und nicht: Wir sind gekommen, um zu – ach, schauen wir mal. Ich stell mal alles hin, vielleicht zieh' ich ja morgen wieder aus. Und Jahre später stehen die Kisten immer noch rum, und hätte man eine Strichliste geführt, wie oft man sich geärgert hat, sie nicht gleich ausgeräumt, den Fußboden oder die Raufasertapete nicht abgezogen oder die Wände nicht in der Lieblingsfarbe gestrichen zu haben – der Zettel wäre voll.

Dabei ist es ein so gutes Gefühl, in die neue Traumwohnung zu kommen, einen Neustart hinzulegen, seine Wünsche gleich umzusetzen und jeden Quadratmeter von Anfang an zu genießen. Also, ich hörte davon. Ich habe mich fünf Jahre lang über den nicht perfekten Holzboden und die porösen Fußleisten in unserer Wohnung geärgert

Jeder glückliche Tag in dieser Wohnung zählt!

und noch ein paar andere Dinge. Als mein Mann und ich uns entschieden, es anzupacken, sagten viele: „Aber das ist doch lediglich eine Mietwohnung, warum investiert ihr denn so viel Geld?!" Was wäre denn die Alternative? Sich eine genauso schöne Wohnung suchen, nur eben mit dem perfekten Fußboden et cetera, um das Geld zu sparen? Da kommt der Umzug inklusive Maklergebühr und vielem mehr doch viel teurer. Und birgt nicht jede Wohnung Kompromisse? Wir entschieden uns, dass jeder glückliche Tag in dieser Wohnung zählt, und legten los. Die Freude und Erleichterung, als es endlich so schön war, wie wir es uns vorgestellt hatten – unbezahlbar.

Oft höre ich von Freunden „Eigentlich würde ich gern tapezieren, aber was ist, wenn wir wieder ausziehen?" Würde man etwa dem Traummann sagen: „Ich find' dich spitze, aber jede zweite Ehe wird geschieden, wir lassen das mal lieber. Könnte teuer werden." Es ist nur eine Tapete, und falls Sie sich eine aussuchen, die Sie den Rest Ihres Lebens behalten wollen, kann man die auf Alu-Dibond-Platten ziehen lassen, aufhängen und beim nächsten Umzug ganz einfach mitnehmen. Genau wie den Traummann.

Auf den folgenden Seiten werden Sie bei Frederike zu Gast sein, die eine Loftwohnung gekauft und gleich bei Einzug Wände eingezogen hat. Oder schauen Sie sich bei Simone um – eine Mietwohnung. Trotzdem hat sie die Böden weiß gestrichen und die Wände freigelegt. Während ich diesen Text schreibe, höre ich der Band „Wir sind Helden" zu. Haben Sie wahrscheinlich längst erkannt, bei dem Einstiegssatz. Also: Machen Sie es sich von Anfang an so schön wie möglich. Wer weiß, vielleicht sind Sie ja gekommen, um zu bleiben.

Manchmal entstehen Ideen durch Zufall: Die frei gelegte Wand war gar nicht eingeplant, sah aber plötzlich gut aus. Die Holzplanken weiß anzumalen stand von Anfang an auf der To-Do-Liste.

DIE FREUDE, WENN ALLES SO IST, WIE MAN SICH ES VORGESTELLT HAT – UNBEZAHLBAR!

HEJ DU, WILLKOMMEN IM SCHÖNEN NORDEN!

Die Hamburger Shopbesitzerin Simone Sauvigny hat zusammen mit ihrem Mann die 85-Quadratmeter-Wohnung komplett renoviert: Teppichböden, PVC-Fliesen und Raufasertapeten entfernt, Böden abgeschliffen und weiß lackiert ... Das Ergebnis: ein schönes, stimmiges Stück Skandinavien.

ANKOMMEN

LINKE SEITE
Hat was von einem entspannten Tag am Meer: die blaue und sandige Wandfarbe, die möwenweiße Bettwäsche und Koralle und die Lampe mit Bambusgestell.

DIESE SEITE
Sieht aus wie eine teure Designertapete, ist aber nur eine freigelegte Wand. Wie das geht? Bitte umblättern!

ANKOMMEN

Schönes Stillleben: Illustrationen von Jonna Fransson, gepaart mit einem Familienbild. Davor: Stehleuchte von Gubi, Kinderstuhl von Ikea und Hutschachteln von Miss Étoile.

NEUSTART – WO VORHER DUNKLES HOLZ UND RAUFASER-TAPETE WOHNTEN, LEBT JETZT LEICHTIG-KEIT.

DER SUPERTRICK: FREILEGEN DER WAND

Als alle Tapeten entfernt waren, sahen die Wände so aus wie die im Wohnzimmer. Simone hat nur eine einzige so gelassen, weil ihr die Patina gefiel und die Wohnung sonst zu steril geworden wäre. Wichtig ist, dass der Rest des Zimmers perfekt renoviert ist, damit es nicht nach Baustelle aussieht. Die Wand schließen seitlich ein weißer Streifen und nach oben eine schlichte weiße Styropor-Stuckleiste ab, um schiefe Übergänge und Unebenheiten zu kaschieren.

WIE GEHT DAS?
WEISSER FUSSBODEN

Er bringt Helligkeit in die Wohnung, eine wunderbare Leichtigkeit, ein schönes Leuchten – weißer Fußboden sieht so großartig aus, dass man sich die Teppiche fast sparen kann. Wer zur Miete wohnt, sollte sich den weißen Fußboden vom Vermieter genehmigen lassen. Der Holzboden von Simone war hoffnungslos verloren und das Holz aus einfachen Planken, bei denen nicht viel herauszuholen war. Der Handwerker hat die Böden mehrmals fein geschliffen, mit Acryl versiegelt, damit es keine schwarzen Blitzerspalten gibt, Unterlack und weißen Lack aufgetragen (gibt es z. B. von Osmo) und die Böden anschließend mit Parkettlack versiegelt. Boden und Türrahmen sollten unbedingt dasselbe Weiß tragen, deshalb den richtigen Ton anmischen lassen.

DIESE SEITE
Immer wieder ein hübscher Hingucker: Die Bücher im Wandregal sind nach Farben sortiert.

RECHTE SEITE
Kann für Ordnung sorgen – oder das totale Chaos. Kommt auf die Besitzer an. Auf jeden Fall bietet das Utensilo eine schöne Fläche, um besondere Fundstücke zu zeigen.

ANKOMMEN

WO GIBT'S DAS?
UTENSILO UND KASTEN

Das Utensilo ist von Vitra, der Kasten ist von House Doctor. Ach so, und die Lampe von Gubi und die Kommode von Asplund.

ANKOMMEN

LINKS
Hier wohnt ein cooler Junge. Wenn Mädchenbesuch kommt, will der gar nicht mehr weg. Bestimmt sind der kuschelige Vintage-Teppich und die Federlampe aus Mamas Laden ein wenig schuld.

UNTEN
Es ist alles Gold, was glänzt! Die Wand bringt den Raum auf jeden Fall zum Leuchten. Geerdet wird die Küche durch die Industrieleuchten und die dunkle Arbeitsfläche.

RECHTE SEITE
Der erste Blick am Morgen fällt auf die Kommode im Schlafzimmer. Oder den Gatten, das können wir nicht beschwören. Falls es die Kommode ist – top dekoriert! Ein bisschen was für die Stimmung und die Schönheit zum Start in den Tag.

JEDER IN DER FAMILIE HAT SEINEN SPIELPLATZ. GENAU, DER VOM VATER IST DIE KAFFEEMASCHINE.

SCHNELL GEMACHT
KOMMODE STIMMIG DEKORIEREN

So schön harmonisch sieht es hier aus, weil beim Dekorieren auf verschiedene Höhen geachtet wurde. Auf dem Siegertreppchen stehen sozusagen die Zweige auf Platz eins, die Glashaube bekommt Platz zwei, der Schminkspiegel – genau, Platz drei. Würde der Spiegel ganz rechts stehen, wäre es ein optisches Gefälle von links nach rechts – es entstünde keine Ruhe. Zweiter Trick: Reduzierung auf die Lieblingsstücke. Für den Rest gibt es Schubladen. Im Schlafzimmer möchte man sich ja entspannen und optisch nicht erschlagen werden. Oder?

ANKOMMEN

Simones EINRICHTUNGSGEHEIMNIS

„In unserer Wohnung sollten wegen der geringen Größe alle Räume optisch ineinander übergehen, dieselbe Fußbodenfarbe haben und farblich zueinander passende Wände. Eine Vintage-Vase von Royal Copenhagen (unten links) machte mir kurz vor dem Einzug vieles leichter. Die Zusammenstellung der Farben, deren Temperatur, die Kontraste und die Farbtiefe der Vase vermittelten mir genau das Gefühl, das unsere Wohnung ausstrahlen sollte: simpel, einladend und warm. Die Farben der Möbel, die Bezugsstoffe und auch die Wandfarben wurden mit der Frage ‚Passt das zur Vase?' abgestimmt. Niemand außer mir würde heute erkennen, dass die Vase der heimliche Held unserer Wohnung ist. Aber egal wo sie steht, passt sie ins Umfeld!"

STILQUELLEN

1 LYS VINTAGE Simone verkauft viele der hier gezeigten Sachen auch in ihrem Laden für skandinavisches Design Lys Vintage in Hamburg und online lys-vintage.com.

2 ANDRZEJ KOLASKA Bunzlauer Keramik kolaska.de, Weide-Tapeten, Wohnaccessoires und Grünpflanzen, Paint & Brush-Farben, Pigmente und Bodenbeläge, alles in Hamburg.

3 FIL DE FER Französischer Trödel fildefer.dk und Roxy Klassik Dänische Möbelklassiker roxyklassik.dk, beides in Kopenhagen.

Hat hier alles im Griff: Simone Sauvigny verkauft nicht nur Designklassiker und alles, was sonst noch hübsch ist. Sie weiß es auch stilsicher zu inszenieren. Bei sich zuhause und bei Kunden.

ANKOMMEN

HIER GIBT'S GANZ VIEL LOFT UND LIEBE

Vor drei Jahren hat Frederike mit ihrem Mann dieses 250-Quadratmeter-Loft gekauft. Nachdem Tochter Pinie auf der Welt war und Tochter Holly sich ankündigte, zogen sie Wände ein für weitere Zimmer. Jetzt träumen sie von einer neuen Küche. Aber easy, ihre Devise: Eine Wohnung muss wachsen, damit sie lebendig bleibt.

Schafft wunderbare Kontraste zum sonst sehr hellen Raum: das dunkle Sofa und düstere Bild. Ebenfalls eine schlaue Idee für große Räume: Übergrößen!

ANKOMMEN

WO GIBT'S DIE?
STÜHLE VON GRCIC

Die „Myto"-Freischwinger-Stühle, von Designer Konstantin Grcic für Plank entworfen, gibt es in gut sortierten Möbelhäusern und z. B. bei connox.de zu kaufen.

LOFT KANN MAN AUCH ALS BÜHNE ÜBERSETZEN. ALS INSZENIERUNG FÜR MENSCHEN MIT VERSCHIEDENEN BEDÜRFNISSEN. WIE HIER.

Alle in einem Raum: Während Baby Holly im Leander schlummert, kann Schwester Pinie auf ihrem Schaf schaukeln. Und Frederike sich mal kurz hinsetzen.

ANKOMMEN

SCHLAU GEMACHT
SESSEL AUFGEMÖBELT

An diesem Sessel liebte Frederike die Form, aber so gar nicht den „50er-Jahre-Muff". Also verwandelte Polsterer Carsten Plakat ihn in ein modernes Schmuckstück. Zuerst zog er den alten Lack mit einer Rasierklinge ab, dadurch wurde das Holz gräulicher, irgendwie cooler. Natürlich kann man das Holz auch wachsen oder ölen, damit es dunkler wird – Geschmackssache. Zum Schluss wurde der Sessel neu aufgepolstert und bezogen.

OBEN
Passt perfekt zum Holzstuhl und den grünen Akzenten im Bild: die Kinderwiege von rasselfisch.de.

LINKS
Bücherinsel: Gemütlich wird's in großen Räumen dank definierter Flächen wie dieser – der kleinen Bibliothek.

RECHTE SEITE
Die Küche als Galerie für Kunst von Freunden – schöne Idee. Da kann man sich beim Betrachten was Leckeres von der Küchenzeile mopsen.

DER ZUKUNFTSTRAUM:
EINE NEUE KÜCHE,
DIE MEHR MÖBEL ALS
KÜCHE SEIN SOLL.

ANKOMMEN

SCHNELL GEMACHT
GARDEROBE AUF KINDERAUGENHÖHE

Sind schnell an die Wand montiert: das Holzhäuschen von Ferm Living und die Haken von Hay. Noch einen Schuhanzieh-hocker davorstellen – fertig ist die Kindergarderobe! Und sie hat einen tollen Nebeneffekt: Das Mithelfen beim täglichen Aufräumen hat die dreijährige Pinie hier ganz nebenbei gelernt. Ihre Schuhe unters Mützen-Fach stellen und die Jacke aufhängen „klappt super", sagt die Mama.

Sieht nicht immer so top aufgeräumt aus wie auf diesem Bild, aber oft: Pinies Kindergarderobe. Bald mischt hier noch Schwester Holly mit.

GAR NICHT EINFACH, ALS ELTERN MIT GESCHMACK PASSENDE KINDERSACHEN ZU FINDEN. DA HILFT MANCHMAL NUR: SELBERMACHEN!

Das Gute an so einem Spielhaus im Wohnbereich ist: Niemand kann unbemerkt Schabernack treiben.

SCHÖNE IDEE
EIN SELBSTGEBAUTES KINDERSPIELHAUS

Das Haus besteht aus einem Holzkern und einer Stoffhülle. Der Kern ist aus vier MDF-Platten mit Winkeln zusammengeschraubt. Der Giebel wurde zusätzlich mit einer Holzstange verbunden. Für den Überzug hat Frederike alle Seitenwände und das Dach aus doppellagigem Stoff mit einer Wattierung dazwischen genäht, wodurch die scharfen Kanten des MDF-Kerns kaschiert werden. An Fenster- und Türöffnung sind Laschen mit Klettverschlüssen vorgesehen, um den Stoffüberzug im Innern am Holzkern zu befestigen. Außerdem werden so die harten Kanten in den Öffnungen abgedeckt. Für die Dachpfannen hat Frederike weiße Stoffreste genommen und sie ebenfalls doppellagig und wattiert genäht, wie auch eine gefütterte Matte für den Boden.

Freundschaftsspiel: Hinter Frederike und Tochter Holly hängen Werke kreativer Freunde.

Wie man große Flächen einrichtet

3 TIPPS VON FREDERIKE

1 Der Vorteil: In einem großen leeren Raum sieht erstmal alles schön aus. Man muss sich also nicht stressen, gleich alles vollzustellen. Lieber mit wenig anfangen und sich für ein paar große Möbel oder Objekte entscheiden, um dem Maßstab gerecht zu werden.

2 Der Nachteil: Man kann auf großen Flächen immer alles sehen. Umso wichtiger sind Orte und Möbel, die einem erlauben, auch mal die Tür zu schließen und Sachen verschwinden zu lassen.

3 Eine gute Aufteilung ist die halbe Miete. Das Gliedern funktioniert durch Teppiche, Belagswechsel im Boden, das Schaffen von Inseln. Sprich Bereiche definieren: Hier wird gegessen, da gelesen und in der Ecke hauptsächlich gekuschelt.

KLARE STRUKTUREN BRINGEN RUHE MIT SICH. UND PLATZ FÜR ALLE.

Flechtkunst: von Top-Designerin Patricia Urquiola für Moroso entworfen – der „Tropicalia"-Sessel.

ANKOMMEN

STILQUELLEN

1 ROSSANA ORLANDI ist Galeristin in Mailand. Frederike und ihr Mann shoppen am liebsten auf Reisen. Bei Orlandi kann man aber auch online einkaufen: Rossanaorlandi.com.

2 L'ARCOBALENO Großartig zur Inspiration: die Website larcobaleno.com mit News und Storys aus der internationalen Designwelt. Plus sehr exklusivem Online-Shop.

3 JACKSONS Spezialisiert auf skandinavische Klassiker und internationales Vintage-Design. Zu finden in Stockholm und Berlin und unter jacksons.se.

Bei diesem Bad wird jedes Spa neidisch. Selbst die Ente fühlt sich großartig!

DAS PARADIES FÜR SELBERMACHER UND COPYCATS

Was sie nicht schön finden, machen Karina und Thorsten Kaliwada einfach selbst schöner. Bevor sie in die 140-Quadratmeter-Mietwohnung eingezogen sind, haben die beiden eine neue Küche eingebaut, gestrichen, lackiert und tapeziert. Und sich diverse Dekoideen ausgedacht. Viel Spaß beim Nachmachen!

ANKOMMEN

LINKE SEITE
Ahoi! Nehmen Sie gern Platz zum Schuhe
ausziehen und Herumgucken. Hier
gibt es weder Angst vor Tapeten noch
vor Löchern in den Socken.

DIESE SEITE
Kaum zu glauben, aber wahr: Das ist ein
Gästebett. Das vielleicht schönste der Welt. Die
Firma Knoll hat es vor langer Zeit entworfen.

ANKOMMEN

LINKS
Wahre Worte: Do what you love, love what you do – und das glückliche Leben nimmt Platz. Louis Poulsen leuchtet den Weg.

RECHTE SEITE
Eine Nackenrolle ist spießig? Ach, Sie Spießer! Das Motto ist doch „Paradise is now" (gibt es über dawanda.de im „philuko"-Shop), wie auch immer das aussieht.

WO GIBT'S DIE?
TAPETEN MIT MUSTER

Dürfen wir vorstellen: Das ist Tiffany, von Beruf Vliestapete. Sie sind einfach bestellbar über den Online-Tapetenshop tapetenstudio.de.

ANKOMMEN

SCHNELL GEMACHT
LEDERRIEMEN ALS GRIFFE

Aus Rindsleder hat Karina Streifen geschnitten, je zwei an der Rückseite zusammengeklebt und per Hand mit einer Ledernadel und einem dicken, gewachsten Garn zusammengenäht. Die Löcher muss man mit einer Nähahle vorstechen, sonst kommt man nicht durch. Jetzt noch links und rechts ein Loch mit der Lochzange stanzen und die Griffe mit hübschen Schrauben an den Türen befestigen.

LINKE SEITE
Die perfekte Leseecke: Es gibt Tee, Kekse, ein Regal voller Zeitschriften und Bücher und eine kuschelige Chaiselongue.

RECHTS
Warum die Küche ordentlich aussieht? Na, weil Karina aufgeräumt hat. Plus: Es gibt ein klares Farbkonzept. Schwarz, Weiß, Grau und Braun bringen Ruhe.

ES IST ALLES IN BESTER ORDNUNG, KEINE SORGE!

ANKOMMEN

IMMER GUT: VORM EIN-SCHLAFEN UND BEIM AUFWACHEN VIEL HÜBSCHES SEHEN.

SCHÖNE IDEE
EINE BLUMENAMPEL AN DIE DUSCHSTANGE HÄNGEN

Na gut, die Blume ist nicht echt, es gibt kein Fenster in dem Raum. Aber die Idee, sich eine Blumenampel an die Duschstange zu hängen, ist echt gut, oder? Gibt dem Ganzen, wenn man viel Fantasie hat, ein Jungle-Feeling. Ach, es sieht einfach gut aus. Punkt.

LINKS
Ein zwei Meter hohes Betthaupt dank Wandfarbe – Top-Idee! So passen auch die Vögel mit drauf, fürs Zählen vorm Einschlafen.

RECHTS
Ein paar hübsche Accessoires wie Gläser mit Kupferdeckeln, Hamamtücher, aufgehängt oder aufgerollt in einem schönen Korb – so macht das Aufstehen mehr Spaß.

ANKOMMEN

> ### STILQUELLEN
>
> 1 ROYALDESIGN Dieser Online-Shop ist das Accessoire-Mekka für Fans von skandinavischen Marken: royaldesign.de.
>
> 2 VELVET POINT Hier werden viele besondere Vintage-Möbel, Designklassiker und Wohnaccessoires gehandelt. Bei Interesse schreibt man eine E-Mail und bekommt ein Angebot: velvet-point.de.
>
> 3 IMPRESSIONEN Karina kauft auch viel bei Ikea, H & M Home, Zara Home und pimpt die Sachen mit eigenen Ideen. Oft findet sie auch was im Online-Shop impressionen.de.

GANZ OBEN Eine Tapete muss nicht zwingend allein an der Wand bleiben, man darf sie auch paaren. Mit einem Regal und Bildern. Macht alle Beteiligten sogar noch interessanter. Auch den Tisch und Stuhl davor.
OBEN Zwei Jobs, zwei Schreibtische: Karina arbeitet als Modedesignerin und betreibt den Blog ohwhataroom.de. Beim sich ständig neue Ideen Ausdenken hilft das große Moodboard in der Mitte.

WEISSE WÄNDE? OCH NÖ. LIEBER TAPETEN, FARBEN UND SCHÖNE BILDER.

Findet gut, was seine Frau mit den Wänden und Möbeln anstellt: Ehemann Thorsten.

Warum Tapeten immer eine gute Investition sind
KARINA ERKLÄRT ES

„Als Modedesignerin habe ich ein Faible für schöne Muster. Deshalb liebe ich auch Tapeten. In unserem Zuhause habe ich in drei Zimmern je eine Wand tapeziert und freu' mich jeden Tag über den Anblick. Wenn man erst mal das richtige Muster für eine Wand gefunden hat, verliebt man sich gleich in den ganzen Raum. Für mich sind die Tapeten drei riesengroße Lieblingsgemälde. Und keine Angst vor dem Kombinieren: Schlichte, einfarbige Deko funktioniert immer mit gemusterten Tapeten. Ich habe sogar Regale und Bilder an meine tapezierten Wände gehängt."

Die Form des „Donna"-Stuhls von Gaetano Pesce wurde von einer Frau inspiriert, die Kugel als Symbol ihrer Gefangenschaft in sich. Gut, dass hier eine Frau wohnt, die das Gegenteil lebt.

MUTIG SEIN

—

MUTIG SEIN

S til ist, sich zu trauen, etwas Eigenes zu machen. Einen eigenen Geschmack zu haben oder zu entwickeln, auf ihn zu vertrauen, statt sich hinter dem eines anderen zu verstecken. Das ist manchmal gar nicht so einfach: Gut kopiert gilt immer noch als halb gewonnen. Aber Stil lohnt sich, man wird dafür mit Stolz bezahlt. Auf das, was man sich selbst geschaffen hat. Vielleicht fragen Sie sich: Wie macht man das denn? Sich einen eigenen Stil zulegen oder auf Ideen kommen? Es ist ganz einfach. Schritt eins: Augen auf! Überall da, wo man sich wohlfühlt. Im Lieblingsrestaurant, in der Boutique, in der man so gern einkauft, in dem schönen Hotel im Urlaub. Und dann interviewt man sich einfach selbst: Warum fühle ich mich hier so wohl? Was genau mag ich an der Dekoration der Kommode? Habe ich zuhause etwas ähnliches, das sich so kom-

**Wie man den eigenen Stil findet? Augen auf!
Überall da, wo man sich wohlfühlt!
Und dann fragen: Warum fühle ich mich hier so wohl?**

binieren ließe? Warum guck' ich mir die Wand so gern an, den Tisch? Ist es die Farbe, das Licht? So wird einem klar, was genau man woran mag und wie man es ins eigene Zuhause übertragen kann. Es trainiert, beim Betrachten von schönen Dingen abstrahieren zu können und auf eigene Ideen zu kommen. Und es macht einen Stück für Stück mutiger, Sachen auszuprobieren. Wie sagt Einrichtungsexpertin Carmen Gloger im Interview auf Seite 84 so schön: „Ihre Wohnung ist Ihre Spielfläche, auf der Sie machen können, was Sie wollen!" Und was soll schon passieren? Auf dem Spielfeld holt man sich vielleicht mal blaue Flecken – oh, apropos, zum Thema Blau: Wir hatten die Idee, dass unserem Schlafzimmer ein dunkles Blau gut stehen würde. Ein edles, dunkles Blau. Wir ließen uns eine Farbe anmischen, doch als sie an der Wand war, glich das eher der Unterwasserwelt von „Findet Nemo" als unseren Vorstellungen. Nach einem Lachkrampf strichen wir das Schlafzimmer Hellgrau und verlagerten die Blau-Idee in die Küche, in der wir heute sehr glücklich mit dem „Hague Blue"-Ton von Farrow & Ball leben. Probieren geht immer noch über Studieren. Wer zu lang nachdenkt, kommt manchmal gar nicht in die Pötte. Also: Trauen Sie sich! Und glauben Sie nicht, dass in den hier gezeigten Wohnungen immer alles glasklar war, wie was aussehen soll. Auch meine Freundin Johanna hat ihren Flur mehrmals gestrichen, bis der Farbton saß. Apropos Johanna, schauen Sie mal, wie sie Antiquitäten und moderne Accessoires kombiniert – mutig! Oder Celines Händchen für Lampen und die vielen kleinen Ideen in ihrer Wohnung. Vielleicht finden Sie ja auch welche für sich. Ich bereite schon mal eine Tüte Stolz für Sie vor.

Antiquitäten und Modernes mischen – Johanna Schultz, die treffen Sie gleich – weiß, wie das geht. Ein Trick: Dinge aus dem Kontext nehmen und ihnen eine neue Bedeutung geben. Siehe Spiegel, der zum Heiligenschein wird.

SICH WAS ZUTRAUEN LOHNT SICH, MAN WIRD DAFÜR MIT STOLZ BEZAHLT.

ALLES, NUR KEINE LANGE-WEILE, S'IL VOUS PLAÎT!

Die Französin Celine Grassmann mixt gern Epochen und Stile. Wo andere fragen „Ist das nicht zu wild?", wird es für sie spannend. Sie sucht Geschichten, keine Perfektion. Bringt viel von Reisen mit, liebt Auktionen und handelt selbst mit Vintage-Möbeln.

Vorne: ein Teil der Lampen-(fuß)-Sammlung von Celine. Hinten: das Esszimmer-Ensemble von Warren Platner für Knoll.

MUTIG SEIN

MUTIG SEIN

Tulu-Teppich aus der Türkei, Stahldraht-Stühle von US-Designer Warren Platner und afrikanische Skulpturen – Top-Mix!

DIESE SEITE
Hier stand mal ein Sideboard von Arne Vodder. Doch Celine handelt mit Vintage-Accessoires. Wenn sich ein Käufer findet, ist das Stück weg.

RECHTE SEITE
Wilde Mischung: Auf dem türkischen Hochzeitsteppich stehen afrikanische Hocker und auf dem 60er-Jahre-Sofa kuscheln Sari-Kissen aus Indien.

SCHLAU GEMACHT: KOMMANDOZENTRALE
Diese Ecke ist per Zufall entstanden, weil sich für das tolle Sideboard, das hier vorher stand, ein Käufer fand. Also holte sich Celine als Notlösung zwei „PS"-Schränke von Ikea. Doch schnell merkte die Mutter von drei Töchtern, dass so eine Kommandozentrale im Flur seine Vorteile hat. Wenn es mal ruhig um sie herum ist, arbeitet sie hier am Computer. Wenn nicht, hat sie alles im Blick.

SCHNELL GEMACHT
EIN SPIEGEL ALS PINNWAND

Eine fünfköpfige Familie mit vier Frauen bekommt sehr viel Post und vor allem: schicke Einladungen. Die hübschesten landen gleich im Flur an dem goldenen Sonnenspiegel. Seine Zacken wurden schnell zur neuen Pinnwand für alle umgewandelt. Die Familie ist auf Zack, was?

OBEN
Eine weiße Vase? Hübsch. Zehn weiße Vasen? Zehn Mal so hübsch. Wer es floral mag, kann ein paar davon mit Einzelblumen füllen.

LINKS
Die Männerecke gehört Celines Ehemann. Der hat einen Top-Musikgeschmack, sammelt stilvoll Platten und legt sie auf.

RECHTE SEITE
Auf die Idee mit dem Minibar-Pferd kam Celine, weil der alte Eckschrank beim Öffnen immer so fürchterlich quietschte. Not bleibt der beste Erfinder.

MUTIG SEIN

SCHÖNE IDEE
VINTAGE-PFERDCHEN ALS MINIBAR

Das Spielpferd hat Celine auf einem Flohmarkt gekauft. Erst für die Kinder, später wurde es zur Minibar. Als ihre älteste Tochter eine Party feierte, probierten die Gäste den guten, alten Whiskey. Der steht jetzt ganz hinten im Eckschrank. Und der günstigere im Pferde-Anhänger davor.

IN ALLEN ECKEN SOLL LIEBE DRIN STECKEN. GILT FÜR POESIEALBEN UND ZUHAUSE.

MUTIG SEIN

STILQUELLEN

1 ARTCURIAL Das Pariser Auktionshaus gilt als führend im Kunstbereich. Man kann per Telefon mitbieten für Möbel, Bilder, Handtaschen, schöne Dinge: artcurial.com.

2 HANS PETER JOCHUM betreibt in Berlin eine Galerie für zeitgenössisches Design und das des 20. Jahrhunderts: hpjochum.de.

3 CONNI KOTTE Die Hamburger Inneneinrichterin, mit großer Liebe für den Mid-Century-Style, hilft dabei, das Zuhause besonders zu machen: connikotte.com.

Wo findet man so außergewöhnliche Accessoires?
3 TIPPS VON CELINE

1 Auktionshäuser sind Goldgruben wie das Bruun-Rasmussen-Auktionshaus in Dänemark: bruun-rasmussen.dk. Da gibt es auch Online-Auktionen. Das ehemalige Auktionshaus von Zezschwitz in München kümmert sich um den An- und Verkauf von u. a. angewandter Kunst des 20. Jahrhunderts und Design: von-zezschwitz.de.

2 Für Tribal-Art, alte Objekte aus Afrika, Australien und Amerika liebe ich das Kunstauktionshaus Zermanek-Münster in Würzburg: tribal-art-auktion.de. Und auch die TEFAF-Messe in Maastricht und die Cologne Fine Art & Antiques in Köln.

3 Top-Fundgrube: die Online-Galerie city-furniture.be.

HÄLT DAS FEUER AM LAUFEN – DER KAMIN VON 1880.

LINKE SEITE OBEN
Der Gatte war gerade bei der Arbeit, also war mehr Platz für die vier Grazien. Von links: Chiara, Josepha, Celine und Emma.

LINKE SEITE UNTEN
Designer Eero Saarinen störte der „slum of legs" – zu viele Stuhlbeine unterm Tisch. So entstand der einbeinige „Tulip"-Stuhl.

DIESE SEITE
Was ist schöner: der Kamin oder die Tatsache, dass er direkt am Bett steht?

HÜBSCH AUF DEN PUNKT GEBRACHT

Oft sieht man Wohnungen an, dass nur einer sie eingerichtet hat. Bei Lilly und Tom ging es gleichberechtigt zu. Beiden war wichtig, dass die 86 Quadratmeter nicht zu voll und die Räume unterschiedlich werden. Ist gelungen, Teamwork eben.

MUTIG SEIN

DIESE SEITE
Es soll Frauen geben, die sich aufregen, wenn der Mann ein Fahrrad mit in die Wohnung bringt. Aber dieses? Passt perfekt zur Deko!

LINKE SEITE
Achtung, Schleichwerbung! Die Wandsticker sind das berühmte Kupfer-Konfetti der Buchautorin, also von mir. Bestellbar über ohhhmhhh.de.

SCHLAU GEMACHT
SOFA AUS MATRATZEN WIRD ZUM GÄSTEBETT

Die Sofas gab es mal bei Ikea, wurden aber leider aus dem Sortiment genommen. Lilly und Tom haben damals die Lehnen entfernt und stattdessen viele unterschiedlich große Kissen draufgelegt, so entstand ihre Liegewiese. Lässt sich super zum Gästebett umwandeln, für bis zu vier Personen. Wer die Idee nachmachen möchte, kann sich einfach Schaumstoffmatratzen mit einem schönen Stoff beziehen lassen.

Dieses Sofa schreit nach einer Kissenschlacht. Wobei – die Bezüge sind von Missoni, Kenzo und Co. Also: lieber klauen als kaputtmachen.

EIN TISCH –

ZWEI DEKOIDEEN

Es gibt Tage, die kommen einfach nicht in Fahrt. Da braucht man ein paar hübsche Dinge um sich herum, die einen an schöne Momente erinnern. Bestimmte Blumen zum Beispiel, das Bild einer inspirierenden Frau wie Jane Birkin, Duftkerzen. Und dann gibt es Tage, mit denen möchte man einfach nur davonschweben. Die sind so voll mit schönen Gedanken, dass man keine bunte Leinwand braucht – da reicht eine weiße.

KEIN TAG GLEICHT DEM NÄCHSTEN. WARUM SOLLTE ES DIE TISCHDEKO TUN? WÄRE DOCH ÖDE.

MUTIG SEIN

Starker erster Blick in die Wohnung – direkt auf die Galerie der Lieblingsstücke. Da wissen die Gäste gleich, wo sie gelandet sind.

MUTIG SEIN

Ergänzen sich ganz wunderbar: Lilly und Tom. Nicht nur in ihrem fantastischen Einrichtungsgeschmack.

Warum ein dunkler Flur eine tolle Idee ist
LILLY ERKLÄRT ES

„Flure werden auch Landebahnen genannt. Sie sind der Eingang, der erste Raum, den man von einer Wohnung sieht. Da Flure selten hell sind, sollte man nicht krampfhaft versuchen, sie zu etwas zu machen, was sie nicht sind. Lieber mit dunklen Farben dagegenhalten. Dadurch bekommt der Raum Struktur und eine Bildergalerie einen starken Hintergrund, der die Sammlung besser zur Geltung bringt. Überhaupt, wie helle Wohnaccessoires vor dunklen Wandfarben hervorstechen – toll! Unser Flur trägt die Farbe „Hague Blue" von Farrow & Ball. Steht ihm gut, oder?"

GROSSE KUNST: EINE WOHNUNG, IN DER SICH BEIDE WOHLFÜHLEN.

Das Schlafzimmer hat Magie. Sobald man es betritt, wird man müde. Liegt bestimmt an den dunklen Farben.

STILQUELLEN

1 **JONATHAN ADLER** Der Dackel vom Schreibtisch und der Fisch vom Esstisch sind von US-Designer Jonathan Adler: jonathanadler.com.

2 **CONRAN SHOP** In London shoppen die beiden Wohnaccessoires im Conran Shop (conranshop.co.uk), bei Labour and wait (labourandwait.co.uk), Liberty (liberty.co.uk), Tori Murphy (torimurphy.com) und Eleanor Pritchard (eleanorpritchard.com).

3 **MAISON ALICE** bietet limitierte Plakatkunst: maisonalice.com.

Funktioniert unisex: An dem weiß gewachsten Bibliothekstisch arbeiten beide gern.

WER HIER WOHNT? DIE PERFEKTE MISCHUNG

Es gibt Wohnungen, die betritt man und hätte gern ewig Zeit, nur um sich umzusehen. Weil sie so viel Persönlichkeit haben. So ein Zuhause hat sich Johanna Schultz eingerichtet. Sie verkauft Antiquitäten und Modernes Design und lebt, was sie liebt: den Mix aus beidem.

MUTIG SEIN

DIESE SEITE
Sorgt für spannende Träume: das Ölgemälde, der Art déco-Nachttisch und ein Regal mit Fundstücken.

LINKE SEITE
Nichts für langes Sitzen, aber gucken kann man in diese Ecke ewig. Tolle Idee, der Bilderrahmen mit Objekten.

MUTIG SEIN

Genau, die Frau auf der Fotografie von Bettina Rheims trägt nichts außer ein Tattoo. Macht die Ecke sehr spannend.

WO GIBT'S DAS?
SCHÖNE BEZUGSSTOFFE
So schöne Stoffe wie diesen vertreibt KA International: ka-international.de. Solche Sessel gibt es in Auktionshäusern wie „Die Eiche".

LIEBLINGSPLÄTZE MACHEN DAS NACHHAUSEKOMMEN NOCH SCHÖNER.

SCHLAU GEMACHT

STATT REGAL SCHUHKISTEN

Auf die Idee kam Johanna, weil das Lila und Gelb der Kisten so gut zu dem Ölgemälde und der Lampe passen. Hier hat sie alte Getränkekisten gestapelt. Obstkisten vom Markt oder Werkzeugkisten aus Metall funktionieren aber auch wunderbar. Empfindliche Schuhe am besten in Schuhsäcke stecken.

Der Haublock ist der perfekte Rezeptionist: Nimmt ohne Murren Schlüssel und Post entgegen und bewahrt sie gut auf.

MUTIG SEIN

SCHÖNE IDEE
EINE ERINNERUNGSWAND

... man könnte sie auch Stimmungswand nennen. In dieser großen Collage hat Johanna nämlich Dinge gesammelt, die sie schön findet, die aber auch Erinnerungen und damit Gefühle wecken: Gedichte, die sie berühren, Objekte aus Urlauben, schöne schlaue Sprüche. Alles kann hier seinen Platz finden, alles ist erlaubt. Besonders gut eignen sich auch leere Rahmen, die man von Zeit zu Zeit anders befüllen kann. Einfach große und kleine Sachen kunterbunt mixen und aufhängen. Kann man auch immer wieder leicht verändern.

Gästen wird es in der Küche nie langweilig. Gesprächsthemen hängen ja an der Wand. Man muss nur auf die Gegenstände tippen und nach der Geschichte fragen.

GEGEN GESPRÄCHS-PAUSEN HELFEN WIMMEL-BILDER FÜR ERWACHSENE.

LINKS
Eigentlich sind Paravents als Sicht- und Windschutz gedacht. Dieser ist das perfekte Wandbild. Das soll jeder sehen.

UNTEN
Motivierend: ein schlauer Spruch zum Thema Freundschaft und ein Tablett voller schöner Dinge – alte Ziffernblätter, eine Koralle und Anhänger von Vanilla Fly.

RECHTE SEITE
Schöne Idee: eine Minibar, die von einer Leuchtschrift aus einer sehr persönlichen Gedichtzeile erleuchtet wird. Darauf ein kleines Gläschen guten Gin! Prost!

IN SPANNENDEN WOHNUNGEN GIBT ES ÜBERALL ETWAS ZU ENTDECKEN.

MUTIG SEIN

WIE GEHT DAS?
LEUCHTSCHRIFT IN EIGENER HANDSCHRIFT

Johanna hat die erste Zeile eines ihr wichtigen Gedichtes genommen und ließ es in ihrer Handschrift nachmodellieren. Im Grunde sind den gestalterischen Möglichkeiten keine Grenzen gesetzt. Es ist eine kostspielige Sache, da es eine extrem aufwendige Handarbeit und jedes Stück mundgeblasen ist. Auf johanna-schultz.de gibt es einen Film dazu.

Ein internationaler Mix – Stuhl aus England, Sekretär aus Dänemark, Vase aus China. Hinten: Abgesägter Turnbock trifft auf einen Hochzeitsschrank.

Gang der Jahrhunderte: Vor dem Ölgemälde (18. Jahrhundert) sitzt auf einem Kinderstuhl (19.) Mickey Maus (20.).

STILQUELLEN

1 JOHANNA SCHULTZ bietet Antiquitäten und Modernes Design zum Kauf an, die Anfertigung von Leuchtschriften und Einrichtungsberatung: johanna-schultz.de.

2 QUITTENBAUM Das Auktionshaus ist Spezialist für Angewandte Kunst, Design und Moderne Kunst von 1880 bis zur Gegenwart. Live mitbieten übers Internet und Telefon ist möglich: quittenbaum.de.

3 MANOIR Hier gibt es Kostbarkeiten des 18. Jahrhunderts aus ganz Europa: manoir.eu.

Gutes Paar: die alte Siphon-Flasche und die nagelneuen Becher von der Big Tomato Company.

ALTE SACHEN? NICHT ZU ERNST NEHMEN! EINFACH BEILÄUFIG INTEGRIEREN.

MUTIG SEIN

Weiß, was nur wenige können: wie man geschickt Antiquitäten und Modernes Design kombiniert – Wohnexpertin Johanna Schultz.

So lässt man Antiquitäten modern aussehen
3 TIPPS VON JOHANNA

1 ENTFREMDEN: Es ist erfrischend, wenn man Dinge aus dem Kontext nimmt und ihnen eine neue Bedeutung gibt. Zum Beispiel einen alten Löscheimer als Papierkorb benutzt und Turnerringe als Handtuchhalter.

2 KONTRASTE SCHAFFEN: Es tut alten Sachen gut, wenn man sie mit knalligen Wandfarben und moderneren Objekten in Kontrast setzt. Sie sollen beiläufig und selbstverständlich integriert werden.

3 SAMMLUNGEN: In einer Sammlung können verschiedene Dinge zueinanderfinden und gemeinsam gut aussehen. Spannend wird es durch die gleiche Farbe oder wenn man mit Inhalten spielt, eine Wand mit Aktzeichnungen hängt oder nur Objekte einer bestimmten Zeit sammelt. Oder auch ordentlich mischt.

MUTIG SEIN

Tuch statt Teppich: Ursprünglich sollte das Tuch an die Wand. Doch dann landete es unterm Coffee Table. Zusammen mit einem Gleitschutz aus dem Baumarkt, damit alles bleibt, wo es hingehört.

ENDLICH MAL WAS FÜR MÄNNER

Riesige Flachbildschirme werden Sie bei Ralf Nietmann und Bernd Martin vergebens suchen. Die haben gar keinen Fernseher. Braucht man in dieser 4,5-Zimmer-Wohnung auch nicht, es gibt genug Schönes zu sehen.

MUTIG SEIN

Daran erkennt man Deko-Profis: Da steht nicht nur ein perfekt inszenierter Bilderrahmen, die Sachen davor passen auch noch fantastisch dazu.

SCHNELL GEMACHT
BILDERRAHMEN MIT LIEBLINGSSTÜCKEN

Die Idee, die fast nichts kostet, entstand per Zufall, weil Bernd sich zum Geburtstag Flohmarktrahmen wünschte. Mittlerweile steckt in diesem Exemplar eine Collage von Lieblingsmomenten der beiden: Spaß im Fotoautomat, Notizen und die charmante Erinnerung daran, das Wichtigste nicht zu vergessen: Lächeln!

LINKS
So macht der Weg ins Bett Spaß: Auf den hübschen Stuhl vom Flohmarkt kommen die Anziehsachen, im „String"-Regal hat die Lieblingslektüre Platz.

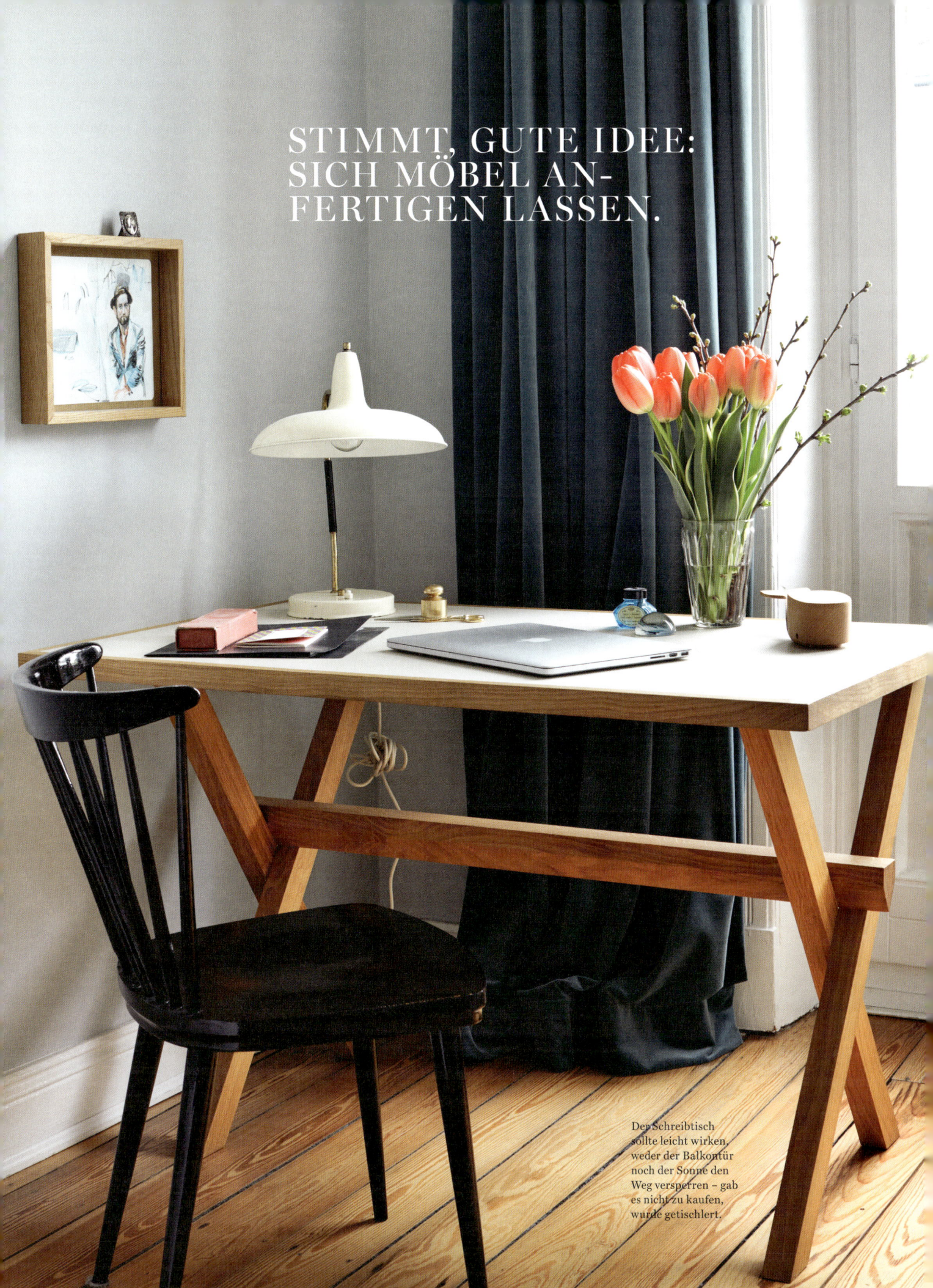

STIMMT, GUTE IDEE: SICH MÖBEL ANFERTIGEN LASSEN.

Den Schreibtisch sollte leicht wirken, weder der Balkontür noch der Sonne den Weg versperren – gab es nicht zu kaufen, wurde getischlert.

WO GIBT'S DAS?
SCHÖNES GÄSTEBETT

Seit mehr als 40 Jahren der Hit: die Stapelliege von Rolf Heide. Gibt es z. B. im Online-Shop designathome.de

MUTIG SEIN

OBEN
Ralf ist freischaffender grafischer Künstler: artkehlchen.de. Meistens arbeitet er im Büro, ab und zu auch zuhause.

RECHTS
Schöner Stauraum: Das weiße Sideboard wurde angefertigt. Da drunter ist Platz für die Koffer der Gäste.

LINKE SEITE
Klassische Kombi: Das Arbeitszimmer ist auch das Gästezimmer. Tagsüber gibt es hier eine Sitzbank, nachts ein Doppelbett.

DIE WOHNUNG ALS GALERIE FÜR DIE EIGENE KUNST UND DIE DER FREUNDE ZU NUTZEN – CHARMANT.

MUTIG SEIN

Steht gerade still, verändert sich aber ständig: eins der vielen schönen Stillleben in dieser Wohnung.

SCHÖNE STILLLEBEN SIND NICHT STEIF, SONDERN IN BEWEGUNG.

Doppelfunktion: Für Bernd ist es die Esstisch-Ecke, für Ralf oft sein kleines Atelier.

STILQUELLEN

1 KATRIN RICHTER verkauft hochwertige Second-Hand-Möbel aus den 50er, 60er und 70er Jahren: katrin-richter.de.

2 OLDWOOD Jörg Pietschmann fahndet nach besonderem Holz und setzt die Objekte, die er daraus fertigt, als Reifeprozess der Verwitterung aus: oldwood.de.

3 MODERN FURNITURE Online-Galerie für moderne Möbel und Kunst. Große Auswahl an außergewöhnlichen Fundstücken aus dem 20. Jahrhundert: modernfurniture.de.

Wie gestaltet man so schöne Stillleben?

RALF ERKLÄRT ES

„Als Stillleben begreife ich eine Sammlung beziehungsweise Inszenierung von ausgesuchten persönlichen Gegenständen, Fundstücken, Erinnerungen. Das sind Lieblingsmagazine und -bücher, Lieblingsvasen und -figuren, Lieblingslampen und -bilder. Die Kunst bei der Kombination besteht darin, ihr etwas Zufälliges und zugleich Bedeutendes zu verleihen. Als ruhige Basis dient ein Schränkchen, eine Bank, ein Bord. Auf dieser Bühne kombiniere ich dann Formen und Farben. Ich schiebe alles zunächst hin und her, probiere dies und jenes aus, später kommt etwas Neues hinzu und es verändert sich."

Top-Team: Ralf (links) und Bernd geben dem anderen genügend Raum für Ideen.

Da hängen zwei großartige Designexperten miteinander rum: Carmen Gloger im „Cocoon"-Hängekorb von Patricia Urquiola.

EXPERTE

> „ES GIBT EINE GROSSE SEHNSUCHT NACH EINEM SCHÖNEN ZUHAUSE – VIELE MENSCHEN WOLLEN NICHT MEHR NUR PRAKTISCH WOHNEN."

Carmen Gloger ist eine Doppelagentin. Ach was: Dreifachagentin! Sie ist nicht nur Produkt- und Interiordesignerin, sondern auch Besitzerin des schönen Concept-Stores „Sleeping Dogs" und berät in Einrichtungsfragen. Und dann weiß sie auch noch viel über Themen wie Stil, Mut und simple Tricks mit großer Wirkung.

Liebe Carmen Gloger, wie wird aus einer Wohnung ein Zuhause?

Das Wichtigste ist, auf sich zu hören und nicht zu sehr beispielsweise auf Freunde, die verunsichern oft nur unnötig. Das Zuhause soll ja mit der eigenen Persönlichkeit gefüllt werden und nicht mit der von irgendjemand anderem. Weiter sollte man versuchen, sich so gut es geht von Standards im Kopf zu befreien. Nur weil der Grundriss sagt: hier muss geschlafen, gegessen und gewohnt werden, heißt das noch lange nicht, dass es so sein muss. Hören Sie genau auf Ihre Bedürfnisse. Wenn es Ihnen wichtig ist, Platz für einen Esstisch für 20 Gäste zu haben – dann los! Wenn Sie gern ein riesengroßes Schlafzimmer hätten – nur zu! Nicht vergessen: Ihr Zuhause ist Ihre Spielfläche, auf der Sie machen können, was Sie wollen!

Falls jemand noch nach einem eigenen Stil sucht – wie findet man den am besten?

Wir raten Kunden oft, Bilder zu sammeln. Und zwar sowohl von Scheußlichkeiten als auch von schönen Dingen. Und bei jedem Bild zu überlegen, was daran gefällt oder auch nicht. Damit man ganz bewusst sagen kann: „Das mag ich gar nicht!", und zwar weil … die Farbe mich an mein ehemaliges Klassenzimmer erinnert. Oder: „Das gefällt mir!", und zwar weil … ich das Muster mag, weil es so viel Ruhe ausstrahlt. So definiert man am schnellsten das Passende für sich. Gerade wenn man viele Magazine liest, sieht man vieles, das gerade trendy ist, und die Wahrnehmung wird davon geprägt. Aber Trends sind wahnsinnig schnell wieder vorbei. Das Ziel ist, sich unabhängig von Trends einen nachhaltigen Geschmack herauszufiltern. Sonst muss man sich jedes Jahr neu einrichten.

Und wie entwickelt man Mut beim Einrichten der Wohnung und findet außergewöhnliche Ideen?

Mutig werden kann man üben. Zum Beispiel, indem man verschiedene Materialien verwendet. Damit erzeugt man unterschiedliche Stimmungen. Grobe Wolle schafft optisch

LINKS
Wäre auch mal eine hübsche Einrichtungsidee: ein Wandregal mit so viel Tiefe – ein begehbares Regal sozusagen. Bei Sleeping Dogs werden hier drin die Verkaufsschätze präsentiert.

LINKS UNTEN
Häufiges Thema bei Wohnberatungen: Sofas und Wohnzimmer im Allgemeinen. Die wichtigste Frage auf dem Weg zur Antwort: Was wollen Sie denn dort erleben?

UNTEN
Laut Carmen Gloger ist er einer der Designer, in dessen Produkte es sich sehr zu investieren lohnt: Sebastian Herkner. Hier zu sehen: seine Gefäße für Pulpo. Die Figuren hat sich Jaime Hayon für LLadro ausgedacht. Auch schön.

„NICHT VERGESSEN: IHR ZUHAUSE IST IHRE SPIELFLÄCHE, AUF DER SIE MACHEN KÖNNEN, WAS SIE WOLLEN!"

EXPERTE

Wärme. Glatte Oberflächen schaffen eher Kälte. Das Arbeiten mit Harmonie und Disharmonie ist das Geheimnis. Spitze funktioniert zum Beispiel das Mixen von Marmor und Kupfer. Marmor ist kühl, aber Kupfer hat durch den erdigen Farbton etwas ganz Warmes. Spannung entsteht durch Disharmonie. Das können auch unterschiedliche Höhen- und Größenverhältnisse sein.

Und was, wenn der Partner noch nicht so mutig ist wie man selbst?

Fatal ist, wenn sich einer von beiden nicht traut, sich wirklich einzubringen und am Ende nicht wohlfühlt. Da sollte man als Paar gemeinsam mutig sein, damit auch später beide gern zuhause sind. Manchmal muss man das ausdiskutieren. Wovor graut dem einen, was hält ihn davon ab, den Schritt zu gehen? Wenn man darüber spricht, kommen die meisten zu einer guten Lösung.

Sie beraten auch in Einrichtungsfragen – welche Wohnprobleme haben denn die meisten Kunden?

Das Wohnzimmer und Sofa sind große Themen. Hier ist es immer wieder wichtig zu fragen: Was hat zum Beispiel das Sofa für eine Bedeutung für euch? Was soll es können, was für ein Gefühl vermitteln? Das ist ja für jeden ganz unterschiedlich. Auch das Schlafzimmer wird oft diskutiert, weil es bei vielen ein Stiefkind ist. Da stehen dann der Wäscheständer, das Bügeleisen und vielleicht noch ein PC in der Ecke. Dabei ist das der Raum, in dem wir am meisten Zeit verbringen. Wo man sich vom Tag entspannen kann und gut erholt in den nächsten starten soll. Dann ist es natürlich auch ein Liebesnest. Das will man ja auch nicht zwingend zwischen Wäscheständer und Chaos haben.

Wobei das Männer und Frauen auch noch mal unterschiedlich sehen.

(lacht) Ja, stimmt! Auf jeden Fall ist es ein sehr wichtiger und sehr emotionaler Ort. Den sollte man nicht zu kurz kommen lassen. Die Essenz ist immer wieder, sich zu fragen: Was ist uns wichtig in diesem Raum? Wie wollen wir uns vorm Einschlafen fühlen und wie beim Aufwachen? Und dann heißt es, Platz für die Antworten zu schaffen.

Kann man Einrichtungshilfe auch für kleine Probleme rufen oder lohnt sich das nur für große Projekte?

Wir haben auch Kunden, die sagen, irgendwas stimmt in meiner Wohnung nicht, gucken Sie sich das bitte mal an. Und wir stellen fest: Es ist alles richtig eingerichtet, aber wenn man es sich auf dem Sofa bequem macht, hat man das Gefühl, halb im Flur zu sitzen. In dem Fall haben wir den Flur einfach total dunkel gestrichen, damit er quasi optisch verschwindet. Wir haben dafür gerade mal 175 Euro berechnet. Einer Kundin haben wir vor Kurzem „Schenk Pfui" empfohlen. Sie hatte die ganze Fensterbank mit Sachen zugestellt, sehnte sich nach mehr Leichtigkeit in dem Raum. Also haben wir ihr empfohlen, dass sich alle Freunde, die zu Besuch kommen, ein Teil von der Fensterbank mitnehmen dürfen. Das sind kleine Problemlösungen, manchmal stellt man auch noch andere Sachen fest, aber es heißt nicht immer gleich, dass man sich neue Möbel kaufen oder umbauen muss.

Gibt es Einrichtungsregeln, die für Sie immer gut funktionieren?

Man kann sehr viel mixen, aber eine Farbe muss immer wieder auftauchen. Wenn man zum Beispiel ein pinkfarbenes Kissen hat, braucht man noch mal irgendwo einen pinkfarbenen Kerzenständer oder Bilderrahmen, damit die Farbe nicht so allein dasteht. Und immer in ungeraden Zahlen dekorieren. Sprich drei Lampen gemeinsam aufhängen. Zweierpaare funktionieren eher bei unterschiedlichen Größen. Ordnung schaffen, reduziert dekorieren, sich auf Lieblingsstücke konzentrieren, auf eine Farbfamilie – diese Regeln funktionieren auch immer. Aber wenn man anfängt, sich mehr zu trauen, kommen schon mutigere Sachen wie Muster mixen. Auch dafür sollte man sich eine gemeinsame optische Klammer suchen, damit es nicht zu wild wird. Wobei wild manchmal auch toll ist, wenn man ganz bewusst eine Farbe dazu nimmt, die nicht zur Farbfamilie gehört und die dann herrlich quengelt.

Wie wohnen Sie selbst und was ist Ihnen wichtig für Ihr Zuhause?

Ich lebe in einer alten Schmiede, ich mag Räume, die schon eine Geschichte haben. Ich brauche große Räume mit viel Platz und Luft. Wir haben, weil uns das sehr wichtig ist, eine große offene Wohnküche und kochen regelmäßig mit vielen Freunden. Wir laden nicht ein zum Essen, sondern zum Kochen. Gern mit 15 bis 20 Leuten, die alle Platz zum Sitzen brauchen. Unseren Stil habe ich Art-Pop-Purismus genannt. Es gibt eher Kunst als Familienfotos – es ist schon alles sehr bewusst reduziert, ohne kalt und clean zu wirken. Ich brauche zuhause Freiraum für neue Ideen und zum Auftanken. Das finde ich auch entscheidend bei der Einrichtungsberatung: zu schauen, was machen die Kunden eigentlich beruflich. Womit umgeben sie sich bei der Arbeit und was brauchen sie dann als Gegenpol zuhause.

Weil Anica es wichtig ist, auch zuhause an ihrer Kunst zu arbeiten, hat sie sich im Wohnzimmer eine Arbeitsecke eingerichtet. Und schon sind wir beim Thema dieses Kapitels ...

PLATZ NEHMEN

PLATZ NEHMEN

as ist mir wichtig? Was dir? Wie würden wir gern wohnen? Manchmal bleibt keine Zeit für diese Fragen, dabei sind sie wirklich entscheidend. Damit man sich so einrichten kann, wie man wirklich gern wohnen möchte. Und nicht lediglich so, wie es sich gerade ergeben hat oder nur einer von beiden es gern hätte. Es ist ein schönes Gefühl, wenn man Platz hat für Hobbys, Träume oder besondere Orte, die einen an außergewöhnliche Augenblicke erinnern. Sei es komponiert durch ein Stillleben von Urlaubserinnerungen oder eine Art Altar für ein Thema, das einem viel bedeutet. Was also ist Ihnen wichtig? Wofür würden Sie Ihren Platz gern nutzen? Wenn Sie weiterblättern, werden Sie in Anis Wohnung zu Gast sein. Sie liebt es, mit schönen Sprüchen und Farbe Collagen zu kreieren. Und weil sie damit gern jede freie Minute füllt, hat sie sich mit einer Arbeitsecke im Wohnzimmer Platz dafür geschaffen. Und ihre Lieblingsbilder in der Wohnung verteilt, damit sie diese sehen und sich darüber freuen kann. Ähnlich geht es Kete und Benjamin auf den folgenden Seiten mit den Stillleben ihrer Lieblingsstücke. Natürlich könnte man diese Dinge auch im Herzen abspeichern und in Schrän-

Bauen Sie sich doch quer durch die Wohnung einen Gang der guten Laune!

ken verstauen, aber ist es nicht viel schöner, sie täglich zu sehen, wenn damit schöne Erinnerungen verbunden sind? Für mich sind das Gute-Laune-Tankstellen. Man kann mit Wohnaccessoires durchaus die Stimmung steuern. Sich quer durch die Wohnung einen Gang der guten Laune bauen. Wenn Sie gleich beim Aufwachen etwas sehen, das sie freut – neben Ihrem Mann oder Ihrer Frau –, im Bad ein paar schöne Blumen, im Ankleidezimmer etwas Motivierendes – dort begrüßt mich und meine Sturmfrisur nach dem Aufwachen jeden Tag ein großes WOW! –, dann tanken Sie so gut auf, dass der Tag Sie ruhig ordentlich anzapfen kann.

Viele glauben, in ihrer Wohnung Standards erfüllen zu müssen. Alle haben ein Esszimmer, brauchen wir auch. Wer sagt denn das? Vielleicht mögen Sie eine kleine Sitzecke in der Küche lieber, weil Sie eh am liebsten im Restaurant speisen. All ihre Freunde haben riesige Bücherwände, aber Sie haben nie wieder in ein ausgelesenes Buch geschaut? Warum soll das also etwas für Sie sein? Hören Sie lieber Ihren eigenen Wünschen zu und schaffen Sie dafür Platz. Dann werden Sie jeden Quadratmeter lieben.

WAS IST IHNEN WICHTIG? WOFÜR MÖCHTEN SIE IHREN PLATZ NUTZEN?

Manchmal wird Kete von ihren Freunden liebevoll geneckt für die vielen Kisten der nicht ganz günstigen Luxusmarke. Aber Kete steht dazu und liebt die Ecke in ihrem Wohnzimmer. Und genau so soll es doch auch sein!

DAS IST KUNST UND KANN NICHT WEG

Mach jeden Raum zu einem Ort, den du am liebsten nicht verlassen möchtest. So lautet das Motto von Kete und Benjamin Link. Haben sie top umgesetzt in ihrem 120-Quadratmeter-Eigenheim. Mit viel Liebe für besondere Bilder.

Ja, der Blick aufs Wasser ist ... – da fehlen einem wirklich die Worte, geht der Elefant auf der Fensterbank vollkommen zu Recht in die Knie.

PLATZ NEHMEN

Da wird ja der Affe in den Bergen verrückt, so hübsch ist das bei Kete und Benjamin im Wohnzimmer. Und überall gibt es etwas zu entdecken.

93

PLATZ NEHMEN

WIE GEHT DAS?
EIN ALTAR MIT LIEBLINGSSTÜCKEN

Diese Ecke ist per Zufall statt Plan entstanden. Erst stand dort die Kiste, dann eine Duftkerze drauf, und bald lagen hier immer die Schlüssel rum. Irgendwann fand sich für die Schlüssel eine coole Schale. So gesellten sich weitere Schätze dazu. Die spannende Mischung entsteht durch unkonventionelle Kombinationen. Je skurriler, umso sehenswerter. Lieber auf Einzelstücke statt auf Massengruppierungen setzen.

Läuft man ständig lang: durch den Flur. Deshalb sollte er lieber spannend gestaltet sein. Wäre doch sonst schade, geradezu Verschwendung.

MACHEN EINE WOHNUNG ZUM ZUHAUSE: GEGENSTÄNDE MIT GESCHICHTE.

DER SUPERTRICK
BLOCKSTREIFEN FÜR DEN GROSSEN WOW-EFFEKT

Schwarz und Weiß sind Ketes Lieblingsfarben. Erst spielte sie mit dem Gedanken, eine Wand der Bibliothek Schwarz streichen zu lassen. Aber das war ihr dann doch zu heftig für einen Raum, in dem man öfter ist. Also entschied sie sich für Streifen. Das Beste aus beiden Lieblingsfarben. Und: ein toller Kontrast zu der doch sehr bunten Bücher-Wand. Ihr Tipp: Nicht wie sie einen Maler die Wand dreimal streichen lassen, weil die Kanten nicht perfekt schienen. Lieber auf Tapete setzen.

Diese Bibliothek ist ein wunderbarer Ort, um beispielsweise mit den Patenkindern zu kuscheln und ihnen aus einem der Bücher vorzulesen.

SAMSTAGS-BLUMEN – MACHEN JEDE WOCHE SPASS.

SCHNELL GEMACHT
BESTEMPELTE LEINWAND

Die Leinwand war ein Geschenk von Kete an ihren Mann Benjamin und soll die beiden an wunderbare Momente erinnern. Deshalb sammeln sie alles, was schön ist – Tickets, Quittungen, Visitenkarten, Tischkarten, Einladungen – und befestigen die kleinen Andenken mit Masking Tape. Die Leinwand hat Kete bei boesner.com in Auftrag gegeben, den Spruch hat sie mit Acrylfarben gestempelt. Wenn die Wand mal voll ist, wollen die beiden sie versiegeln lassen.

OBEN
Schönes Ritual: Samstags kaufen die beiden im Blumenladen Saxifraga (saxifraga.cc) hübsche Sträuße und verteilen sie in der Wohnung.

RECHTS
Farblich perfekt zusammengestellt: Die Apothekerfläschchen passen zu Duftkerze, Lampe und dem Vogel auf dem Bild.

RECHTE SEITE
Die Sprüche auf dem Kissen und überm Sofa sorgen für Entspannung im Wohnzimmer.

PLATZ NEHMEN

Ausblick: Morgens, wenn alles noch nicht so aussieht wie es soll, ist man für jede positive Ablenkung dankbar.

Damit den Bildern nichts passiert, steht ein Feuerlöscher bereit. Aber auch, weil er verdammt gut aussieht.

SCHÖNE IDEE
EIN DUFTES STILLLEBEN

Natürlich, man kann seine Parfums und Badutensilien auch einfach in den Schrank stellen. Nur, da sieht sie ja niemand, vor allem man selbst nicht. Gerade Duftflaschen sind doch kleine Kunstwerke. Also raus damit! Zum Beispiel auf die Fensterbank, drapiert auf hübschen Boxen. Dazu eine passende Duftkerze, Blumen, weitere passende Dekoteile – fertig ist ein weiterer schöner Anblick im Alltag.

STILQUELLEN

1 GÄRTNER bietet tolle Möbel fürs Büro aber auch Zuhause an. Von Vitra, Thonet, Eiermann, um nur ein paar zu nennen: gaertnermoebel.de.

2 KALASON verkauft unter anderem die bunten Kerzen, die im Wohnzimmer zu sehen sind. Plus skandinavischen Schnickschnack: kalason.de

3 STADTHAUS EINRICHTUNG Hier ist der Name Programm, findet man alles, was ein Stadthaus oder eine Wohnung in dem Stil noch schöner macht: stadthaus-einrichtung.de.

PLATZ NEHMEN

Sind sehr happy miteinander: Kete, CRO bei thjnk, und Benjamin, der u. a. den Stockholm Espresso Club in Hamburg betreibt.

Wo kann man bezahlbare Kunst kaufen?
3 TIPPS VON KETE

1 VICIOUS GALLERY: Es ist schon sehr praktisch, wenn der Ehemann eine Galerie mit Talenten wie Revok und KR betreibt: viciousgallery.com.

2 HELIUM COWBOY: Wenn ich auf der Suche nach Abwechslung für unsere Wände oder auch Geschenke bin, schau ich gern bei heliumcowboy.com und Feinkunst Krüger feinkunst-krueger.de vorbei.

3 DAS SIEBTE ZIMMER: Auf der Suche nach Objekten zum Stellen und Legen werde ich immer fündig auf dem Dachboden, bei den Antiquitäten von das7tezimmer.de, Renate Rühmlings Haus für Raumgestaltung, der Metamorphose www.renateruehmling.de, und dem Second-Hand-Store D'Or d-or.de.

UND JETZT ALLE: WIR MACHEN UNS DIE WELT, WIE SIE UNS GEFÄLLT.

DAS LEBEN IST DOCH EIN PONYHOF

... und wenn mal nicht, dann macht man es sich eben zu einem. Anica-Skyren Villwock war wichtig beim Einrichten: Platz für ihre Kunst und ein großer Tisch für die Familie und Freunde. Damit so oft wie möglich das Leben gefeiert werden kann.

PLATZ NEHMEN

LINKE SEITE
Today was a good day – das Kissen hat Anica bestempelt. Auch eine gute Idee: einfach mal einen Eimer als Lampentisch nehmen.

RECHTS
Im Kinderzimmer von Anicas Tochter herrscht ebenfalls Partystimmung. Okay, so ordentlich sieht es aber eher selten aus, die Tiere warten noch auf ihren Einsatz!

PLATZ NEHMEN

WO GIBT'S DAS?
WE ALL TRY-BILD

Das ist eins von Anicas Kunstwerken. „We all try", schönes Motto! Zu kaufen gibt es das neben vielen anderen Bildern in ihrem Online-Shop skyren.tictail.com.

LINKS
Was will uns diese Dekoration sagen? Ein Lagerfeuer unter der Schreibmaschine heizt das kreative Feuer an? Alles klar!

RECHTE SEITE
Ist Anica mit am wichtigsten in dieser Wohnung: der große Esstisch, an dem die Familie und viele Freunde Platz finden. Manchmal wechselt der auch die Zimmer, je nachdem, wo die Party steigt.

PLATZ NEHMEN

WIE GEHT DAS?
SPANNENDE BILDER-WAND DEKORIEREN

Zuerst hingen hier nur einige Bilder zentral und nebeneinander platziert. Mit der Zeit wuchs die Bilderwand. Alles, was Freude bereitet, findet hier Platz – Kinderspielzeug, Gekritzel, Erinnerungen, bis zum echten Kunstwerk. Die Wand bietet der ganzen Familie Raum für Spielereien. Anis Trick: wenig Abstand zwischen den Bildern lassen, ein bisschen Tetris spielen und – keine Angst vor Löchern in der Wand!

LINKE SEITE
Entspricht schon eher der Realität: das Chaos im Zimmer von Anicas Sohn. Macht es aber auch gleich gemütlicher, oder?

RECHTS
An der Galerie im Flur hat die ganze Familie mitgearbeitet: Alle haben kleine Kunstwerke beigesteuert. Das macht die Bilderwand so hübsch bunt und persönlich.

PLATZ NEHMEN

SCHNELL GEMACHT
FARBKLECKS IM SCHLAFZIMMER

Aber nein, das ist keine teure Designerlampe, ganz im Gegenteil! Den Lampenfuß hat Anica auf dem Flohmarkt gefunden. Sein Grün war ihr etwas zu düster, deshalb hat sie ihm einen pinken Lampenschirm von Habitat aufgesetzt. Ploppt natürlich besonders toll raus, wenn die restliche Umgebung farbneutral gehalten ist.

STILQUELLEN

1 SKYREN ist nicht nur Anicas Künstlername, so heißt auch ihr Online-Shop, in dem man ihre hübschen Collagen und schlauen Sprüche findet: skyren.tictail.com.

2 KISS THE DESIGN heißt die Galerie in Lausanne, deren Betreiber Spezialisten für Antiquitäten des 20. Jahrhunderts sind. Internationaler Versand ist möglich: kissthedesign.ch.

3 HABITAT Manchmal findet Anica bei der Möbelkette Sachen, die sie mit ganz anderen Dingen paaren und dadurch besonders machen kann: habitat.de.

Gute Laune dekorieren

3 IDEEN VON ANICA

1 LEAVE A MESSAGE: Ob mit Lippenstift am Spiegel, mit Masking Tape an der Wand oder einfach ein geschriebenes Betthupferl – die Nachrichten haben alle das gleiche Ziel: Freude spenden, schnell und einfach.

2 EINE SCHATZTRUHE AUFSTELLEN: mit Lieblingssachen. So wie meinen Hochzeitsschrank. Die feinsten Gläser und das Tafelservice – alles immer sichtbar und griffbereit. Nach dem Motto: Nicht putzen, sondern nutzen.

3 PARTYSCHMUCK HÄNGEN LASSEN: Für Feste wird hier immer wild geschmückt. Als Rheinländerin liebe ich Luftschlangen, Girlanden und Konfetti. Ich lasse sie gern länger hängen. Das Leben ist schön und sollte jeden Tag gefeiert werden!

LINKE SEITE OBEN
Kann das Zubettgehen und Aufstehen wirklich versüßen: eine schöne Nachttischecke.

LINKE SEITE UNTEN
Setzkasten für Erwachsene: Im Hochzeitsschrank wohnen Anicas Lieblingsstücke – Basteleien der Kinder neben Porzellan.

WARUM NICHT DAS LEBENSMOTTO EINFACH AN DIE WAND KLEBEN?

Inspirierend: Anica kennt viele schlaue und schöne Lebensweisheiten.

PLATZ NEHMEN

Probier's mal mit Gemütlichkeit – das ist das Motto, nach dem Christina Görling mit ihrer Familie in dem 130-Quadratmeter-Haus lebt. Überall gibt es kuschelige Lieblingsplätze, können alle Familienmitglieder schmökern, spielen und sich entspannen.

DAS IST JA GANZ GROSSES KUSCHEL-KINO

Gemütlicher geht's kaum: Kein Wunder, dass die Gäste hier oft bis spät in die Nacht sitzen bleiben und lustig sind.

WO GIBT'S DIE?
WABENTAPETE

Die Wabenbälle wurden für ein Werbeshooting der Firma aufgehängt. Als Kunden fragten, ob es das Bild als Tapete gäbe, wurde sie produziert: bolia.com.

Ein Traum in Pink-Orange: Künstlerin Jeannine Platz hat auf die Leinwand ein Liebesgedicht von Erich Fried gepinselt.

KITSCHIG, ABER WAHR: MIT LIEBE EINRICHTEN SORGT FÜR NOCH MEHR LIEBE.

PLATZ NEHMEN

SCHLAU GEMACHT
LEITER MIT KRÄNZEN

Weil Christina Kränze liebt, schmücken sie das ganze Jahr ihre Wohnung. Drei Stück von ihnen hat sie aus Steckschaum, Draht und Blättern gebastelt, grau angesprüht und mit einem Band von HAY an der Leiter aufgehängt. Das ist schnell gemacht und eine preisgünstige Deko-Idee. Die Leiter hat sie in Holland im Großhandel gekauft. Solche gibt es aber auch hier in Einrichtungshäusern und auf dem Flohmarkt.

Sehr gemütlich: Hier kuschelt sich gern die ganze Familie aufs Sofa zwischen die Kissen und unter die Decke.

SCHÖNE IDEE
LEITER ALS BEISTELLTISCH

Eigentlich wollte Christina Holzbohlen zwischen die Leiterstufen legen und ein Regal daraus machen. Aber dann war die Leiter – sie hatte sie bei E-Bay ersteigert – kleiner als gedacht. Also wurde ein Beistelltisch daraus. Christina möchte noch ein Tablett ihrer Oma zwischen zwei Stufen legen. Sieht sicher gut aus.

Zufälle sind die besten Dekorateure: Aus dem geplanten Regal wird spontan ein Beistelltisch, aus dem Ziersofa eine gemütliche Leseecke.

Wie im Himmel: Das Bett von Flamant passt perfekt in das kleine gemütliche Schlafzimmer. Hätte aber auch keinen Zentimeter größer sein dürfen.

TOP-KOMBINATION: SICH KREATIV EINRICHTEN, ABER SO, DASS MAN ÜBERALL GERN KUSCHELT.

PLATZ NEHMEN

WIE GEHT DAS?
EISENWANNE ALS WASCHBECKEN

Die Idee kam Christina beim Urlaub in Bayern. Sie liebt die Almhütten. Und weil man dort oft an Tränken und Futtertrögen vorbeiwandert, machte es irgendwann Klick und sie hatte die Idee für den Hingucker in ihrem Gäste-WC. Bei E-Bay hat sie die passende Wanne gefunden und ersteigert, aus Bauholzplatten einen Unterschrank gebaut, ein Loch reingefräst und mit einem Standard-Anschluss versehen. Das einzig Schwierige: darauf achten, dass die Schüssel dicht ist.

Perfekter Hintergrund: Die Wood-Tapete von Cole & Son passt großartig zum Almhütten-Thema. Veredelt mit ihrem eleganten Look das Ganze sogar.

Wie kreiert man Lieblingsplätze?
CHRISTINA ERKLÄRT ES

„Für mich ist es wichtig, Plätze zu haben, an die ich mich zurückziehen kann, umgeben von meinen Lieblingssachen und möglichst viel Persönlichem. Obwohl ich viele Designer-Sofas deutlich schöner finde, wollte ich in unserem Wohnzimmer ein sehr gemütliches haben, in das man einsinkt und entspannt fernsehen kann. Lieblingsplätze müssen für mich immer kuschelig sein, kratzige Materialien, sei es bei Decken oder Teppichen, sind verboten und alles Unpraktische wie nicht waschbare Bezüge auch. Na gut, bis auf Dekogedöns, das darf auch einfach nur schön sein."

STILQUELLEN

1 **NORMAN COPENHAGEN** entwickelt Designprodukte, die immer ein bisschen von der Norm abweichen. Dadurch werden sie besonders schön: norman-copenhagen.com.

2 **FERM LIVING** bietet wunderbaren Klimbim für zuhause an. Hübsches fürs Kinderzimmer, Tapeten, Boxen, Büro-, Bad- und Küchenutensilien – alles, was Frauen lieben: fermliving.com.

3 **FLAMANT** setzt auf die Neuinterpretation antiker Möbel und Accessoires, verleiht ihnen damit etwas Modernes: flamant.com.

PLATZ NEHMEN

EIN ZUHAUSE MIT RÜCKZUGS-INSELN – DER GRÖSSTE SPA(SS).

LINKE SEITE OBEN
Kennt sich aus mit großen Gefühlen: Christina betreibt das großartige Hochzeitshaus Maison Mariée in Hamburg.

LINKE SEITE UNTEN
War Christina besonders wichtig: ein Spielzimmer für ihre Tochter im Untergeschoss. Damit sie mitten im Geschehen ist.

RECHTS
Ein Lieblingsplatz: Hier kann man den Blumen draußen quasi beim Wachsen zuschauen.

Dieser Mann weiß, was er tut: Wolfram Neugebauer ist als Stylist und Einrichtungsexperte international erfolgreich.

EXPERTE

„EINER WOHNUNG MUSS MAN ZEIT GEBEN. WIE DER LIEBE, DIE WIRD AUCH IMMER REICHER, JE MEHR MAN MITEINANDER ERLEBT."

Schon mit 15 hat Stylist Wolfram Neugebauer die Wohnung seiner Eltern regelmäßig umdekoriert. Aus seiner großen Liebe für schöne Dinge hat er einen Beruf gemacht. Er inszeniert wunderschöne Räume für Magazin- und Werbeproduktionen oder auch Stars wie Claudia Schiffer. Ein Besuch in seinem Einrichtungsgeschäft „Die Remise".

Lieber Wolfram Neugebauer, wie wird aus einer Wohnung ein Zuhause?
Das Wichtigste sind Gefühl und Seele. Der Reichtum einer Wohnung ist, wenn die Seele der Besitzer darin lebt. Es muss kein Showroom drin sein, sondern Gefühl. Durch liebevoll zusammengetragene Sachen: Fundstücke, Erbstücke, Geschenke der Kinder und Großeltern, Dinge, die man auf Reisen gefunden hat. Die Ansammlung solcher Sachen mit persönlichen Geschichten, das macht ein Zuhause aus.

Viele glauben, sie müssen ihre Wohnung gleich nach Einzug komplett fertig haben.
Einer Wohnung muss man Zeit geben, damit sie zu einer Wohlfühlwelt wird. Zeit, um zu wachsen. Das ist wie in der Liebe, die wird auch immer reicher, je mehr man miteinander erlebt. Klar, es gehören Mut und Geduld dazu, ein Zimmer erstmal unperfekt zu lassen, bis man die richtigen Sachen gefunden hat. Aber es lohnt sich, das auszuhalten. Man kann mit wenigen Mitteln ein Zuhause-Gefühl erzeugen. Sei es durch eine schön geschriebene Postkarte von Freunden, die man aufhängt, Familienfotos. Wenn wir auf Reisen sind, mach' ich es uns auch da hübsch. Oft durchs Wegstellen der nicht so schönen Sachen, oder ich bring' einfach ein paar besondere Fundstücke vom Strand mit.

Als Stylist müssen Sie oft in nackte Räume Stimmung bringen. So geht es einem ja auch, wenn man in eine neue Wohnung zieht.
Es lohnt sich, mit dem Schlafzimmer zu beginnen. Einem gemütlichen Bett, vielen Kissen, einer tollen Decke, schönen Lampen und Büchern. Dann hat man sich schon mal ein kleines Zuhause geschaffen, um sich zurückzuziehen und von dort aus den Rest zu planen. Als Nächstes ist der Essbereich dran: ein Tisch, Stühle, Blumen – so sind die täglichen Bedürfnisse wie schlafen und essen schon mal schön inszeniert. Wenn ich zum Beispiel für Claudia

EXPERTE

Schiffer im Rahmen eines Events ihr Hotelzimmer hübscher machen soll, kann ich dies oft nur durch Blumen erreichen. Darüber kann man viel verändern, es heimeliger und liebevoller machen. Dann lege ich noch ein paar schöne Bücher dazu, ersetze Kissen – so verschwindet der kühle, anonyme Look des Hotelzimmers. Ich stelle mir selbst auch gern Blumen auf den Nachttisch oder ins Bad, darüber freue ich mich dann gleich morgens. Bei uns am Badezimmerspiegel hängen auch kleine Skizzen von den Kindern, die mich am frühen Morgen lachen lassen.

Was ist noch wichtig fürs Zuhause-Gefühl?
Der erste Schritt in die Wohnung. Ich finde es schade, wenn Leute diese riesigen Garderoben haben. Hübscher finde ich einen Hingucker, wenn man reinkommt. Eine Kommode oder ein Regal mit schönen Dingen, die man anschaut und denkt: Ja, ich bin da. Das Gegenteil von einem Durchgangszimmer, wo einfach nur was hingeschmissen wird. Man kann doch die meisten Jacken in Schränken unterbringen und den liebsten Mantel inklusive Accessoires hübsch aufhängen. Da guckt man dann viel lieber hin als auf einen riesigen Kleiderberg. Natürlich ist der Berg für viele bequemer, aber bequem ist selten hübsch.

Und wie kombiniert man einen männlichen Wohnstil mit einem weiblichen?
Es gibt viele Wohnungen, denen man ansieht: Hier hat die Frau das Sagen! Und es sieht so aus, als würde nur sie dort wohnen. Es ist doch spannend, wenn man die Unterschiedlichkeit der Partner in der Wohnung erkennt. Und Blumenkissen der Frau zur Karodecke des Mannes oder zarte Blumen in Kombination mit Whiskeygläsern – das sind wunderbare Stilmixe, die sollten sich Paare ruhig trauen. Es ist wichtig, dass beide Partner ihren Platz in der Wohnung haben, sonst werden sie sich nicht zuhause fühlen.

Sie bringen von Reisen, Flohmärkten und Auktionen besondere Stücke für zuhause und Ihren Laden mit. Wie finden Sie so tolle Sachen?
Wenn man auf Reisen ist, braucht man eigentlich nur offen durch die Straßen und Geschäfte zu gehen. Die Stadt erkunden und statt der Fußgängerzone die Seitenstraßen abklappern. Man kann auch in Lebensmittelgeschäften hübsche Dekogegenstände entdecken, in einem Restaurant eine tolle Lampe oder in einer Bar die perfekte Tapete. Oder man fragt in einer Boutique nach, woher das tolle Bild ist, das hier hängt, weil man es gern für zuhause hätte. Nicht nur Flohmärkte und Antiquitätenläden oder Einrichtungsgeschäfte sind schöne Fundorte für besondere Teile, es sind vor allem auch die kleinen Läden, in denen sich die Besitzer ganz viel Mühe geben und man tolle Sachen findet. Wer unsicher ist, was es sich auf Flohmärkten oder bei Auktionen zu kaufen lohnt, bittet einfach einen Freund mit mehr Erfahrung um Begleitung und Starthilfe. Man kann das lernen. Das Wichtigste ist, dass man seinem eigenen Geschmack vertraut.

Und wie inszeniert man schlau und schön verschiedene Fundstücke und Stile?
Wenn man zehn Stücke von einer Marke zusammen inszeniert, sieht das schnell nach Werbeecke aus. Lieber alte und moderne Sachen mischen. Gruppierungen von Dingen wie 20 Vasen auf einer Kommode wirken oft besser als verteilte Einzelstücke. Und dann muss man bei der Inszenierung nur noch drauf achten, Gegenstände in verschiedenen Höhen und aus unterschiedlichen Materialien auszuwählen. Und sich überlegen, ob man das lieber in einer definierten Farb- oder Materialwelt möchte oder ob man bewusst herausstechende Elemente einsetzt, zum Beispiel eine pinke Blume in eine weiße Inszenierung. Es gibt Wohnungen, in denen gibt es so viel zu entdecken, die vermitteln so ein behagliches Gefühl, dass man schon beim Reinkommen denkt: Hier möchte ich bleiben. Da hat man schon als Gast eigene Lieblingsstücke in der Wohnung. Es ist doch schön zu wissen, dass man auch woanders zuhause sein kann.

Sie können auch großartig Tische inszenieren. Verraten Sie uns Ihre drei besten Tischdeko-Tipps?
20 Kerzen in einer Reihe auf verschiedenen Höhen – macht ein tolles Licht. 20 Zitronen in die Mitte legen oder Früchte – kann auch toll aussehen. Oder viele verschiedene Wein- und Wassergläser statt eines Tischläufers aufstellen und in jedes eine andere Blume stecken. Mit dem Gewohnten zu brechen, ist immer ein gutes Rezept für eine schöne Inszenierung. Mit drei, vier Kerzen auf dem Tisch rechnet jeder, 20 sind schon eine Ansage, genauso ist es mit den Zitronen. Bei einem italienischen Abend kann es wiederum toll aussehen, viele Tomatenrispen und Olivenzweige auf dem Tisch zu platzieren. Eine liebevolle Idee ist es auch, etwas Handgeschriebenes auf den Tisch zu legen. Oder man sammelt in der Wohnung Fundstücke zusammen. Nimmt die Vasensammlung von der Kommode und stellt sie auf den Esstisch – es sind die ungewöhnlichen Dinge und die persönlichen, die eine besondere Tischdeko ausmachen. Und ein schönes Zuhause.

LINKS
Besondere Fundstücke: Wolfram Neugebauer liebt es zu reisen und hübsche Einzelstücke wie diese für sein Geschäft und Produktionen mitzubringen.

LINKS UNTEN
Neugebauers Einrichtungsgeschäft „Die Remise" birgt ein Problem: Es ist draußen und drinnen so schön, dass man nicht mehr weg möchte.

UNTEN
Bezugsstoffe, Tücher – kann man toll zweckentfremden, beispielsweise als Teppich wie bei Ralf in der Wohnung, siehe Seite 76.

„MIT DEM GEWOHNTEN ZU BRECHEN, IST IMMER EIN GUTES REZEPT FÜR EINE SCHÖNE INSZENIERUNG."

119

Hineinspaziert: In diesem Haus mit gelber Tür ist jeder Gast willkommen.

TÜREN ÖFFNEN

TÜREN ÖFFNEN

ie sagte eine Wohnungsbesitzerin so schön, als wir bei ihr fotografierten: „Na ja, es ist schon so, dass man sich ins Innerste gucken lässt, wenn man seine Haustür öffnet ..." Stimmt, so fühlt es sich manchmal an, wenn Gäste zu Besuch kommen. Vor allem zum ersten Mal. Manche möchte man vielleicht beeindrucken, mit anderen einfach nur eine gute Zeit verbringen. Wenn man sich in seiner Wohnung wohlfühlt, ist dies ein Kinderspiel. Wenn nicht – anstrengend. Gästen kann man nicht wirklich etwas vormachen. Die merken genau, ob jemand versucht, eine Show abzuziehen oder sie sich in einem authentischen Umfeld befinden. Deshalb: Seien Sie doch einfach Sie selbst, der Rest ist eh schon vergeben.

Wir haben oft Gäste zu Besuch und es mag kitschig klingen, aber ich finde, es bleibt danach so ein schönes Gefühl in der Wohnung, wenn man eine tolle gemeinsame Zeit hatte und sich alle wohlfühlten. Es ist: Liebe in der Luft. Vielleicht auch ein: danke für die schöne Zeit. Auf jeden Fall: eine gute Stimmung. Stylist Wolfram Neugebauer hat es im Interview treffend formuliert: „Es ist schön, wenn man als Gast ein zweites Zuhause bei Freunden findet." Eine Gastgeberin par excellence ist meine Freundin Char-

Seien Sie einfach Sie selbst, der Rest ist eh schon vergeben.

lotte Gueniau. Auf den folgenden Seiten sind Sie in ihrem Haus in Dänemark zu Besuch und lernen ihre einfachen Tricks zur eindrucksvollen Gästebetreuung kennen. Ihr Mann Philippe und sie haben einen Esstisch mit 14 Sitzplätzen – das sagt schon alles, oder? Und: Sie haben dieses wunderbare Talent, dass man sich bei ihnen herzlich willkommen und umsorgt fühlt. Genau wie bei Familie de Waal in Kapstadt, wo Fotografin Brita Sönnichsen zu Gast war und am liebsten eingezogen wäre. Sie werden sehen, was wir meinen, sobald Sie umblättern.

Ein weiterer Wohnungsbesitzer, bei dem wir fotografierten, sagte: „Unsere Freunde schwärmen, wenn sie hier sind, wie schön wir es haben. Aber ich finde es gar nicht so besonders hier." Wer seine Tür öffnet, bekommt im Zweifel einen Spiegel vorgehalten. Und manchmal ist es genau das, was man braucht, ein: Jetzt mach dich mal locker! Deine Wohnung ist wirklich schön. Und nicht vergessen, ich bin deinetwegen hier und nicht wegen deiner Vasensammlung! Wobei – wo war die noch gleich her?

Das Bild mit Marilyn Monroe und der Kaugummiblase, das bei Charlotte im Haus in Dänemark hängt, ist seit unseren Fotoaufnahmen mein Bildschirmhintergrund im Handy. Es erinnert mich an einen besonderen Tag und einen tollen Menschen. So etwas passiert auch, wenn man seine Tür öffnet.

„ES IST SCHÖN, WENN MAN ALS GAST EIN ZWEITES ZUHAUSE BEI FREUNDEN HAT."

Wer möchte hier kein Gast sein? Eines der Gästezimmer der Familie de Waal in Süd-Afrika.

TÜREN ÖFFNEN

... gleich werden Sie sich fragen: Wer sind eigentlich diese de Waals und wie werden die meine Freunde? Ganz einfach: Sie können eines der schönen Gästehäuser von Doreen de Waal und ihrer Familie in Kapstadt beziehen.

SETZEN SIE SICH LIEBER ...

DIESE SEITE
Der Blick aus dem Garden-Cottage, einem der vier Gästehäuser. Buchbar via inawestays.co.za.

LINKE SEITE
Das Wohnhaus mit Pool. Ist damit das Poolhaus gemeint? Ach nee, sowas gibt es extra. Oder besser gesagt gleich mehrere davon – die Gästehäuser. Hach.

Das schwebende Bett hat sich Tochter Olivia gewünscht. Hängt wohl bombenfest. Südafrikanische Lässigkeit eben.

GUTE IDEE: EINFACH ALLES ANDERS MACHEN.

TÜREN ÖFFNEN

DER SUPERTRICK
STAURAUM UNTER DER TREPPE

Auf die Idee, den Platz unter der Treppe als Stauraum zu nutzen, kam Doreen ganz von allein, und so beauftragte sie einen Schreiner, der ihr die Schränke einpasste. Sie wollte es aber nicht nur praktisch, sondern auch hübsch haben und ließ sich von einem japanischen Magazin inspirieren. So kam sie auf die Idee, die Türen zu bemalen. Wer künstlerisch nicht so begabt ist und keine so tolle Schwägerin hat wie Doreen, die diese Schrankwände bemalt hat, kann sich solche Motive im Copyshop plotten lassen. Sprich auf Klebefolie drucken und ausschneiden lassen. Dann braucht man sie zuhause nur noch auf die gewünschten Stellen aufkleben.

Nicht nur irre praktisch, sondern auch noch kreativ verziert: die Schränke mit Illustrationen unter der Treppe im Flur.

Schönes Geschenk: Den Satz an der Wand hat Hausherr Meyer zum 50. Geburtstag bekommen.

SCHNELL GEMACHT
SPRÜCHE AUS KABELN

Diese Zeile stammt aus dem Lieblingssong des Hausherrn von Led Zeppelin: „... and did you know your stairway lies on the whispering wind." Das Kunstwerk ist aus weichem Metall, das mit alten Telefonkabeln umwickelt und an die Wand genagelt wurde. Hat sich der Künstler Heath Nash ausgedacht (heathnash.com). Kann man bestellen oder selbst versuchen.

TÜREN ÖFFNEN

DIE FARBE SCHWARZ IST EINE STIMMUNGSKANONE: MIT IHR SIEHT GLEICH ALLES EDEL AUS.

SCHÖNE IDEE

DEN KÜCHENSCHRANK SCHWARZ ANMALEN

Kann man so kaufen oder einfach selbermachen: Küchenschrank in Schwarz anmalen. Der schöne Effekt: Die Lieblingsstücke sind vor dem dunklen Hintergrund noch besser zu sehen. Winziger Nachteil: Man muss Ordnung halten. Aber das funktioniert dank der hübschen, verschieden großen Aufbewahrungsgläser und Stoffboxen ganz wunderbar.

WO GIBT'S DIE?
KRONLEUCHTERLAMPE

Nirgendwo! Der Kronleuchter ist aufgemalt. Das Motiv kann man auf die Wand projizieren oder sich im Copyshop plotten lassen. Kabel und Glühbirne dran – fertig!

DIESE SEITE
Good Morning, Mr. Tom Dixon, Sie sind wirklich international beliebt. Ihre schönen Schalen in Gold stehen auch in Südafrika auf dem Tisch.

LINKE SEITE OBEN
Ist ein hübscher Hingucker statt nur Gebrauchsgegenstand: der Schrank für die Küchenaccessoires in Schwarz.

LINKE SEITE UNTEN
In dieser Hängematte im Garten zu liegen, das wär's jetzt. Mit ganz viel Kapstadt-Sonne im Gesicht.

KLAR, DASS HIER ALLE WOHNEN WOLLEN: STÄNDIG GIBT ES ESSEN, SOGAR FOOD-EVENTS.

SCHLAU GEMACHT

KRÄUTER- UND GEMÜSEBEETE IN HOLZKÄSTEN

Die Holzkästen hat Doreen einer gemeinnützigen Organisation abgekauft, die ein Autoteil-Importeur gespendet hatte. Aber natürlich kann man sich solche Kästen auch einfach selbst zusammenzimmern. Doreen hat in die Böden Löcher gebohrt und Plastik- und Styroporbehälter, solche, in denen man Früchte und Gemüse kauft, reingelegt. Darauf wiederum hat sie ein Plastiknetz verteilt und den Kasten mit gut kompostierter Erde aufgefüllt. Und dann Gemüse und Kräuter gepflanzt.

DIESE SEITE
Was für ein Arbeitszimmer: Schränke, die an Umkleidekabinen am Strand erinnern, ein leuchtendes Huhn, ein Kamin – wer will da noch arbeiten?

LINKE SEITE OBEN
Auf diesem Tisch veranstaltet Tochter Jade Essens-Events. Daher der Stapel Kochbücher!

LINKE SEITE UNTEN
Für frisches Gemüse ist gesorgt: dank der selbst gebauten Beet-Kästen im Garten.

TÜREN ÖFFNEN

STILQUELLEN

1 LIM steht für Ludwig Mies van der Rohes Motto „less is more". Doreen liebt die schlichten schönen Möbel und Wohnaccessoires von lim.co.za.

2 GEMMA ORKIN stellt hübsche Keramiken in Handarbeit her. Doreen liebt es, solche Frauen zu unterstützen: gemmaorkin.frelio.com. Genau wie Stephanie Bentum von Krafthaus, die besondere Wohn- und Modeaccessoires produziert: krafthaus.co.za.

3 SUPERBALIST ist ein Online-Shop, den der Sohn eines Freundes von Doreen eröffnet hat. Dort gibt es ausgefallene Wohnaccessoires zu kaufen: superbalist.com.

Immer entspannt und eine tolle Gastgeberin: Doreen.

Eines der vielen Gästezimmer. Mit schön viel Platz für den Besuch.

Wie gestaltet man schöne Gästezimmer?
3 TIPPS VON DOREEN

1 PLATZ FÜRS GEPÄCK: Es ist so wichtig, ein bisschen Platz zu haben, wo man seine Sachen hinstellen kann, um sich heimisch zu fühlen. Plus Stauraum für den Koffer, so, dass man ihn nicht mehr sieht, damit man nicht gleich wieder an die Abreise denken muss.

2 NICHTS UNNÖTIGES: Man sollte das Gästezimmer nicht mit überflüssigem Kram vollstellen. Die Gäste bringen genügend mit. Eine Heizung oder ein Ventilator sind je nach Jahreszeit Pflicht und lokale Magazine mit aktuellem Programmangebot spannend und hilfreich für den Besuch.

3 KLEINES CATERING: Gäste kommen sehr entspannt an, wenn sie gleich etwas zu essen und zu trinken vorfinden. Also stelle ich ihnen Snacks, Tapas, Wein, eine Suppe, Brot und Käse hin oder Frühstück mit frischem Saft und Kaffee, je nachdem, wann ihre Ankunftszeit ist.

TÜREN ÖFFNEN

Nein, bitte nicht die Blumen an der Decke beim Duschen mitgießen. Das ist lieb gemeint, aber dafür gibt es ein ausgeklügeltes System.

WIE GEHT DAS?
PFLANZEN AN DIE DECKE HÄNGEN

Bei einem Restaurantbesuch in der Innenstadt hat Doreen diese Idee entdeckt und wollte sie gleich selbst umsetzen. Sie kaufte robuste, pflegeleichte Pflanzen, die wenig Wasser und Licht brauchen. Und die schön lange Stängel und ausgefallene Blätter haben – als Hingucker. Als Erstes klopfte sie die Erde soweit es ging von den Wurzeln und steckte sie in Haarnetze. Anschließend hat sie noch ein paar Runden Schnüre drum gebunden und mit einem Stück davon an der Decke befestigt. Alle drei bis vier Wochen nimmt Doreen die Pflanzen runter, tränkt sie mit Wasser und hängt sie wieder auf.

WER DIE PERSPEKTIVE WECHSELT, KOMMT AUF NEUE IDEEN.

WILLKOMMEN IN DER VILLA KUNTERBUNT

Ich mach' mir mein Haus, wie es mir gefällt – nach dem Prinzip lebt Charlotte Gueniau mit ihrem Mann Philippe und den Kindern Selma und Max in Dänemark. Und dekoriert ständig um. Die einzigen Regeln: Es muss bunt sein und viel Platz für Besuch und gute Laune geben.

TÜREN ÖFFNEN

Im Haus von Familie Gueniau wimmelt es vor Sitzgelegenheiten. Und das ist gut so, weil ständig Gäste vorbeikommen.

TÜREN ÖFFNEN

SCHLAU GEMACHT
TEEWAGEN ZUM SELBSTBEDIENEN

Zum einen trinkt die Familie selbst gern Tee und guten Espresso, wofür alles Nötige auf diesem hübschen Servierwagen bereitsteht. Zum anderen kommen viele Gäste vorbei, denen natürlich immer herzlich eine Tasse angeboten wird. Die meisten wissen aber mittlerweile schon, wo sie die Zutaten finden und bedienen sich selbst. Wunderbar praktisch!

DIESE SEITE
Ach, Marilyn Monroe war gut im Kaugummiblasen pusten und konnte dabei auch noch so lässig gucken? Cool! Animiert zum Nachmachen!

LINKE SEITE
Lustige Details: Eine Nashorn-Lampe, ein Wichtel, ein Vogel auf der Zuckerdose – langweilig wird es hier nie, auch nicht beim Tee kochen.

WO GIBT'S DAS?
MARILYN-MONROE-BILD

Das Kaugummiblasen-Bild von Marilyn Monroe in Pink hat die dänische Künstlerin Marianne Godsk Abildgaard gemalt: galleri-godsk.dk.

DAS FREUT ALLE: KÄFFCHEN ANYONE? ODER LIEBER EINE KAUGUMMIBLASE?

SCHÖNE IDEE
EIN KÜCHENTISCH FÜR 14 PERSONEN

Davon haben Charlotte und Philippe schon geträumt, als sie noch in ihrer 40-Quadratmeter-Wohnung in Paris lebten – ausreichend Platz für Gäste und Feste. Früher haben sich die Freunde einfach überall hingequetscht. Heute gibt es dafür einen langen Esstisch mit 14 Stühlen – allzeit bereit für eine Dinner-Party.

Charlottes Platz: Von ihrem pinken Sessel aus schaut sie bei einer Tasse Tee gern in den Garten und plant den Tag.

TÜREN ÖFFNEN

WAS WIRKLICH WICHTIG IST, ERKENNT MAN DARAN, WIE VIEL PLATZ ES BEKOMMT.

Top-Model-Besuch im Homeoffice: Hündin Rosa liebt Modeln und wird deshalb auch Helena Christensen genannt.

WIE GEHT DAS?
GRÜNE FLÄCHE AUF DEM BODEN

Charlotte hatte einfach keine Lust mehr, ständig den Teppich auszuklopfen, deshalb hat sie sich einen auf den Fußboden gemalt. Na gut, das ist nur die halbe Wahrheit. Denn die andere Hälfte befindet sich im Flur (siehe rechte Seite) – allerdings an der Wand. Dieser Wandteppich brachte Charlotte nämlich auf die Idee, für ihre Firma Rice eine Walze zu entwickeln, mit der man Wände verzieren kann. Und das funktioniert doch bestimmt auch für den Boden, oder? Zuerst hat sie Bodenfarbe in Mint aufgetragen (gibt es von Farrow & Ball) und nach dem Trocknen das Ganze mit der Walze und goldener Farbe verziert (unten im Bild). Der Tisch bekommt einen klaren Standort – der gleiche Effekt wie bei einem Teppich aus Stoff. Nur: Dieser liegt nie schief! Hah!

Statt Zeitschriften gibt es auf der Toilette Buchrücken zu lesen. Die klaut auch niemand.

TÜREN ÖFFNEN

Der Flur wurde in vier Jahren dreimal gestrichen. Jetzt sind alle glücklich damit. Abwarten!

KUNST-WERK AN DER WAND? WARUM NICHT DIE WAND ALS KUNST-WERK?

DER SUPERTRICK
WALZEN STATT TAPEZIEREN

In diesem Flur hat Charlotte sich richtig ausgetobt, immer wieder hat sie neue Ideen ausprobiert, weil keine Wandfarbe oder Tapete sie glücklich machte. Bis ihr die Idee kam, für ihre Firma Rice selbst etwas zu entwickeln: eine Walze, mit der sich ganz einfach Muster an die Wand bringen lassen. Man kann jede beliebige Farbe auftragen und die Wand damit rollern. Die Walze gibt es zum Beispiel im Online-Shop nostalgieimkinderzimmer.de, in drei verschiedenen Designs.

Hier trifft sich die Familie am liebsten, in der großen Küche: Philippe, Charlotte, Max, Selma und Hündin Rosa.

STILQUELLEN

1 DIE WOHNGESCHWISTER Wenn Charlotte in Hamburg ist, kauft sie gern Dekoartikel bei: die-wohngeschwister.de. Oder schlemmt und shoppt bei Mercato Piazza: mercato-piazza.de.

2 WHITE RABBITS ROOM ist ein Café in München und verkauft ausgefallene Wohnaccessoires: white-rabbits-room.de.

3 DAS TROPENHAUS Genau wie Charlottes Firma Rice liegt diesem Online-Shop der Fairtrade-Gedanke am Herzen: das-tropenhaus.de. Geliebtes Zuhause liefert international schöne Dinge, weshalb Charlotte Stammkunde ist: geliebtes-zuhause.com.

Wie schafft man Privatsphäre, wenn man oft Gäste hat?
CHARLOTTE ERKLÄRT ES

„Früher, als wir noch nicht in diesem großen Haus gewohnt haben, teilten wir unser Badezimmer mit unseren Gästen. Das war auch kein Problem, aber heute empfinde ich es als großen Luxus, dass wir unser eigenes haben und die Gäste auch. So können wir vier uns wie gewohnt bewegen. Das ist eh der größte Trick, um sich seine Privatsphäre zu erhalten: Obwohl man Gäste hat, einfach sein Leben weiterführen und wie sonst auch seine (sportlichen) Aktivitäten ausleben. Dadurch hat man nicht das Gefühl, auf etwas verzichten zu müssen. Und oft machen die Gäste sogar mit: Sie tauchen ein in unser Leben."

Neue Farben: Aktuell ist der Flur oben im Haus Mint und Hellorange gestrichen. Mal sehen wie lange.

TÜREN ÖFFNEN

BRINGT KLARHEIT: RÄUMEN BEDEUTUNG GEBEN.

Wird auch gern das Frauenzimmer genannt: der grüne Salon. Männer sind aber auch willkommen.

Liebt es bunt: Farbexpertin und Rice-Gründerin Charlotte Gueniau hat sowohl Pastelltöne als auch Knallfarben im Griff.

EXPERTE

> „GÄSTEN IST ES EGAL, OB ES AUFGERÄUMT IST. VIEL WICHTIGER IST, DASS SIE SICH WIRKLICH WILLKOMMEN FÜHLEN UND AUCH ZU WORT KOMMEN."

Sie könnte sich ein Leben ohne Farben nicht vorstellen. Und das ist gut so. Die Dänin Charlotte Gueniau hat nicht nur ein erfolgreiches farbenfrohes Wohnaccessoire-Unternehmen namens RICE aufgebaut, sondern macht auch viele Freunde sehr glücklich mit ihrem guten Gespür für Farbe. Und für Gäste. Ihr Haus ist rund um die Uhr gefüllt mit beidem.

Liebe Charlotte Gueniau, wie wird aus einer Wohnung ein Zuhause?
Für mich ist die Küche der wichtigste Ort, um ein Haus in ein Zuhause zu verwandeln. Ich muss gerade an Flüchtlinge denken. Das Erste, was Flüchtlingsfrauen tun, wenn sie an einen sicheren Ort kommen, ist kochen. Reis oder was auch immer sie zur Verfügung haben. Auch wenn es wenig ist, haben sie wenigstens den Geruch und die heimische Atmosphäre. Wenn wir umziehen, kümmere ich mich immer erst um die Küche. Wenn sie funktionsbereit ist, fühle ich mich zuhause.

Für viele ist Umziehen ein Albtraum.
Wenn wir umziehen, sieht es im neuen Haus nach 24 Stunden so aus, als ob wir da schon immer leben würden. Ich organisiere das generalstabsmäßig. An dem Tag des Einzugs ist dann immer die Hölle los: Maler, Elektriker, diverse Menschen rennen wie wild durch die Gegend, aber am nächsten Tag ist so gut wie alles fertig. Meine Mutter und Freunde denken, ich sei verrückt, aber so hat man dann nicht ewig irgendwas unerledigt herumstehen und quält sich deswegen. Es ist alles auf einen Schlag fertig.

Warum ist bei Ihnen eigentlich nicht alles Schwarzweiß eingerichtet?
Weil mich das runterziehen würde. Viele Skandinavier lieben den Schwarzweiß-Look. Es ist ja auch einfach so zu wohnen, mit dem strengen Konzept kann man kaum Fehler machen. Aber ich glaube an die Psychologie von Farben. Es gibt diverse Studien, die belegen, dass Farben einen großen Einfluss auf die Stimmung nehmen.

Gibt es etwas, das man mit Farben total falsch machen kann?
Oh ja, sehr viel sogar. Man sollte es nicht zu verrückt gestalten. Der Trick ist, eine gewisse Ruhe damit herzustellen. Die Farben in einer Balance zu halten. Und die Farben in den unterschiedlichen Räumen sollten zusammenpassen, eine gute Verbindung miteinander haben. Wenn mich jemand, der alles in Schwarzweiß liebt, fragt,

EXPERTE

wie er vorsichtig mit Farbe anfangen kann, dem rate ich zu Minttönen. Mint passt sich sehr gut an, ist nicht zu verrückt für den Anfang. Und dann kann man eine zweite Farbe hinzufügen und so weiter.

Und wie findet man die richtige Farbe?
Man muss nur Farben ausschneiden von Farbpaletten, aus Zeitschriften, wo auch immer man die passende findet, und dann die Schnipsel für ein paar Tage an die Wände kleben! Und dann wird man beim Vorbeigehen schon merken, in welche Stimmung einen das bringt, ob man die gern jeden Tag um sich hätte. Sonst nimmt man sie nochmal weg und klebt neue hin. Wenn die neue Farbe dann dran ist, ist das eine große Steigerung an Lebensqualität. Also: Seien Sie mutig! Und was soll schon passieren? Zur Not streichen Sie die Wand einfach neu!

Haben Sie noch einen Trick für Anfänger, die gern mal Farbe ausprobieren würden?
Für den ersten Schritt kann man mit einer Farbpalette rumspielen oder es Kindern nachmachen und sich Buntstifte nehmen und mit Farben experimentieren. Sich fragen, welche sind meine drei liebsten davon? Welche wollte ich gleich als Erstes in die Hand nehmen? Wenn man Kinder fragt, welche ihre Lieblingsfarbe ist, haben sie sofort eine Antwort. Viele Erwachsene haben leider vergessen, eine Lieblingsfarbe zu haben. Aber gerade bei Farben ist es wichtig, dass man sich ihnen spielerisch nähert. Das darf man nicht zu ernst nehmen.

Haben Sie ein paar Dos und Don'ts für den Einsatz von Farben?
Wer Ruhe im Raum erzeugen möchte, streicht am besten nur eine Wand farbig. In soften Farben. Wenn ein Raum aufgepeppt werden soll, funktioniert das toll mit Tapete, auch erstmal nur eine Wand führt schon zu großen Veränderungen. Kinder- und Schlafzimmer funktionieren am besten in ruhigen Farben, alles andere lenkt zu sehr ab und macht nervös. Durch eine weiße Basis poppen die Farben besser raus. Und gleichzeitig ist sie ein beruhigendes Gegengewicht zu Knallfarben. Ein Trick ist auch, keine Farbe hinzuzufügen, sondern eine zu entfernen. Sprich, sich den Raum genau anzusehen und zu schauen, welche Farbe mag ich am wenigsten und die rauszuziehen.

Sie haben Ihr Haus sehr gästefreundlich eingerichtet und bekommen sehr oft Besuch.
Für uns ist es der größte Spaß, Freunde zu bewirten, so viele wie möglich, deshalb haben wir eine sehr lange Tafel. So haben wir schon immer gelebt, auch, als wir noch nicht so viel Platz wie jetzt zur Verfügung hatten. Ich habe zehn Jahre auf 40 Quadratmetern gewohnt, da hatten wir auch ständig Gäste. Sie haben einfach auf allem gesessen, auf dem man sitzen konnte. Es war nur wichtig, dass sie sich willkommen gefühlt haben.

Wie macht man denn, dass Gäste sich willkommen fühlen?
Das merken Gäste daran, dass der Gastgeber sich wirklich von Herzen freut, sie zu sehen. Und dann ist es eigentlich auch egal, ob da ein Vier-Gänge-Menü auf die Gäste wartet oder man einfach zusammen Pizza ordert. Natürlich kann es ein genauso schönes Signal sein, dass man sich ganz viel Zeit genommen hat, um ein aufwendiges Essen vorzubereiten und das dann zu kredenzen. Oder wenn man eine besonders schöne Tischdekoration gestaltet hat. Aber so pompös muss es nicht immer sein.

Und wie schafft man es, dass sich die Gäste entspannen und wohlfühlen?
Wenn die Gastgeber gestresst sind, können sich auch die Gäste nicht entspannen. Wir gehen die Sache sehr relaxt an. Uns ist es ziemlich egal, ob hier alles ordentlich ist oder nicht, wenn Gäste kommen. Und das Essen steht auch nicht fertig auf dem Tisch. Oft kochen wir ganz nebenbei und trinken schon mal alle zusammen ein Glas Wein, essen einen Snack und quatschen. Ich glaub', die Gäste spüren, dass sie hier nichts leisten müssen, sich locker machen können.

Und wie schaffen Sie es, dass es für Sie nicht anstrengend wird, so oft Gäste zu haben?
Training! (lacht) Manchmal bitte ich die Gäste auch, etwas mitzubringen, wenn ich einen stressigen Tag habe. Das macht großen Spaß, weil man dann ein kunterbuntes Menü hat und alle sich involviert fühlen. Viele trauen sich solche Abende leider nicht, denken, sie müssten als Gastgeber alles allein perfekt im Griff haben. Natürlich muss man ein kleines bisschen vorbereiten. Nicht dass alle Gäste dastehen und warten. Aber etwas zu trinken und einen Vorspeisen-Snack – mehr braucht es für den Anfang nicht. Das Wichtigste ist doch, dass man sich sieht und eine gute Zeit zusammen hat. Der Anspruch an Perfektion zerstört alles. Einen selbst und auch die Atmosphäre für Gäste. Wenn alles perfekt ist, fällt es schwer, sich zuhause zu fühlen und zu entspannen, meist sind dann alle unentspannt.

In Deutschland gibt es den Spruch „Wenn too perfect, lieber Gott böse".
Genau so ist es.

„EIN TRICK IST AUCH, KEINE FARBE HINZUZUFÜGEN, SONDERN EINE VORHANDENE ZU ENTFERNEN."

OBEN
Der Hocker von Tom Dixon in Neonorange rockt jeden Raum. Bringt ebenfalls Musik in die Sache: die Kombination von Weiß und Farben.

RECHTS
Das Fernsehzimmer ist dank der Sessel nicht nur irre gemütlich, sondern auch ein Farbfeuerwerk. Durch die ausgleichenden Töne aber ein ruhiges.

LINKS
Sind gute Anfängerfarben: Mint-Töne. Auf dieser Basis kann man sich dann langsam steigern. Zum Beispiel mit einer Kommode in Rosé und bunten Accessoires.

So, jetzt weiß der Sohnemann, wo er sein cooles Auto parken kann – vor seiner neuen Garage. Schnell gemacht mit etwas Farbe. Beziehungsweise: ohne.

SCHÖNES MACHEN

SCHÖNES MACHEN

s gibt Sachen, die kann man wunderbar selber machen. Das hilft dabei, eine Beziehung zur Wohnung aufzubauen, sich schnell zuhause zu fühlen. Und dann gibt es Sachen, da sollte der Profi ran, weil: der es kann! Und weil es weniger weh tut. An den Fingern, finanziell, manchmal auch in der Beziehung. Die Profis haben das gelernt, die können das, das ist ja ihr Job. Unsere Jobs sind doch meist andere. Mein Mann hat uns mal einen Fernsehschrank gebaut. Dafür legte er die Wohnung in Schutt und Asche. Aus der Ferne sah der Schrank gut aus. Von Nahem … – mein Mann ist Anwalt, ein sehr guter. Aber er ist nicht Bob der Baumeister und schon gar kein Möbeldesigner. In Auftrag geben kann auch sehr viel Spaß machen! Erstmal überhaupt die richtige Idee zu haben für eine Problemzone, ist doch das Schwierigste. Nur, wenn Sie die haben, dann brauchen Sie auch noch ein bisschen Zeit für die Umsetzung und da kommt die wichtigste Frage: Lohnt sich das Selbermachen für Sie? Kommt auf Ihr Talent, Ihren Terminkalender und Ihren Tagessatz an, würde ich sagen. Oder auch, ob Sie gern mal wieder ein Projekt hätten, das Sie voller Stolz fertigstellen können. Das kann ja auch unbezahlbar sein. Meine Freundin Bettina, sie und ihren Sohn lernen Sie gleich auf

---

**Lohnt sich das Selbermachen für Sie?
Kommt auf Ihr Talent, Ihren Terminkalender
und Ihren Tagessatz an.**

---

den folgenden Seiten kennen, hat viele Ideen, aber wenig Zeit. Also denkt sie sich schöne Sachen aus, wie zum Beispiel einen Küchentisch samt Stühlen günstig bei E-Bay zu ersteigern und diese mit einem Knallgrün pulverbeschichten zu lassen. Bei einem Fachmann. So wird trotzdem ein Einzelstück draus. Nur sie, ihr Sohn und Partner haben währenddessen Zeit, etwas anderes Schönes zu machen, und die Wohnung bleibt unbeschadet. Oder das große Vogelhaus auf Stelzen im Kinderzimmer von Tomma, bei dem Sie gleich „Ist ja irre!" oder „Ach, Quatsch!" sagen werden. Da möchte man doch hundertprozentig sichergehen, dass kein Piepmatz aus dem Nest plumpst. Also hat es der Profi gezimmert. Aber mal eben schnell einen Registerschrank von Ikea ansprühen, dem Esstisch eine Schicht weißen Lack auftragen, damit er nicht mehr so wuchtig wirkt, oder Blumen und Kräuter in Vintage-Kannen umpflanzen – das haben sogar der Anwalt und ich hinbekommen. Und ja, wir sind stolz darauf. Auf den neuen Fernsehschrank vom Profi aber auch.

DIE COOLSTEN TROPHÄEN SIND SELBSTGEMACHTE KLEINIGKEITEN.

Auch ein Weg: Die krummen Bäume wurden aus einer Tapete ausgeschnitten und mit Klebefolie in Wandsticker umgewandelt.

VIELE EIGENE IDEEN? SO SIEHT'S AUS!

Schaffen den Spagat zwischen kindgerechtem Wohnen und dem Anspruch, es auch als Erwachsene hübsch haben zu wollen: Daley und Sam Muller und ihre Zwillingstöchter Kate und Scout in ihrem Haus in Kapstadt. Und dann haben sie auch noch all diese schönen „Do it yourself"-Ideen ...

SCHÖNES MACHEN

LINKE SEITE
Überlegt hat sich der Papa, wie das Baumhaus ausschauen soll. Gebaut hat's ein Schreiner.

DIESE SEITE
Familientreffpunkt: Am Küchentisch trifft sich die ganze Familie. Zum Essen, um den Tag zu planen – einfach Spaß zu haben.

SCHÖNES MACHEN

SCHLAU GEMACHT
EFFEKTE MIT SCHWARZER WANDFARBE

Die Küche hat Hausherr Sam designt und vom Tischler umsetzen lassen. Als an dieser Stelle die Idee aufkam, die Küche schwarz inklusive Mauerwand anzumalen, war auch plötzlich der rote Faden für die Einrichtung des Hauses gefunden. Nee, Sekunde: der schwarze Faden. Achten Sie mal drauf, es gibt hier und da immer wieder Möbel und Deko-Accessoires in Schwarz, die der Einrichtung etwas Zusammenhängendes und Harmonisches geben.

WIEDERKEHRENDE FARBEN SIND LEITFÄDEN FÜR DIE BETRACHTER.

DIESE SEITE
Wenn draußen die südafrikanische Hitze drückt, kuschelt sich die Familie drinnen gern in diese kühle Couchecke.

LINKE SEITE
Schwarz ist das neue Schwarz: Die zurzeit angesagteste Farbe zur Gestaltung von Küchen ist – genau: Schwarz!

WIE GEHT DAS?
SPIEGEL MIT SEIL

Es gibt viele schöne Designer-Spiegel, die tierisch viel Geld kosten. Aber: Es gibt auch viele simple Ideen, mit denen man sich preisgünstig seinen eigenen Superspiegel designen kann. Daley hatte die Idee, sich eine schlichte runde Spiegelplatte zu kaufen und diese mit zwei Löchern und einem dicken Seil zu versehen. Beim Bohren der Löcher hat ihr ein Glaser geholfen, der Rest ging schnell: das Seil durch die Löcher ziehen, verknoten und an einen in der Wand befestigten Knauf hängen.

DER SUPERTRICK
DAS KINDERZIMMER SCHLAU TEILEN

Die vierjährigen Zwillingsmädchen Kate und Scout bewegen sich nachts so viel hin und her, dass sie nicht nebeneinander schlafen können. Deshalb kam ihre Mutter Daley auf die Idee, ihre Betten quasi Fuß an Fuß zu platzieren. Schöner Nebeneffekt: So haben die beiden in ihrem gemeinsamen Kinderzimmer noch mehr Platz zum Spielen. Wo die Spielsachen sich verstecken? In den klar strukturierten Ecken des Zimmers. Da gibt es eine Leseecke, ein Schlaflager für die Puppen ... siehe Seite 160.

Die Wellen an der Wand hat Daley mit einer Schablone vorgezeichnet und ausgemalt. Die Klebepunkte hat sie im Bastelbedarf gefunden.

Da ist der schwarze Faden wieder: in Form eines Schrankes. Ebenfalls wiederkehrend: der helle Holzton.

SCHNELL GEMACHT
VOGELBILDER AN DER WAND

Die verschiedenen Vögel, die an der Badezimmerwand kleben, hat Daley aus „The girl with the birds nest hair", dem Lieblingsbuch ihrer Töchter eingescannt und auf glänzender Vinylfolie ausgedruckt, ausgeschnitten und an die Wand geklebt. Kann man im Copyshop machen lassen, wenn der eigene Drucker das nicht kann.

Schwer zu sagen, was niedlicher ist: der Spiegel mit den Ohren, den die Familie selbst gebaut hat, oder die Vogelparade an der Wand.

DINGE SELBSTZUMACHEN, KANN EINEN IRRE STOLZ MACHEN. SICH VOM PROFI HELFEN ZU LASSEN ABER AUCH.

SCHÖNES MACHEN

SCHÖNE IDEE
SONNENBETT AUF DER TERRASSE

Braucht dieses Bild überhaupt einen Text? Eigentlich will man sich auf dieses selbstgebaute Sonnenbett auf der Terrasse sofort hinlegen und chillen, oder? Daley liegt hier gern nachmittags mit der ganzen Familie inklusive der Hunde und guckt der Sonne zu, wie sie langsam untergeht. Hach …

Doch, das kann man für deutsche Balkone nachbauen. Oder man legt sich auf das Original. Die Mullers vermieten ihr Haus auch über airbnb.de.

WENN JEDER WEISS, WELCHER BEREICH FÜR WAS GENAU GEDACHT IST, GIBT ES WENIGER CHAOS UND NOCH MEHR FREUDE.

OBEN
So ordentlich soll es nach dem Bücher blättern wieder aussehen. Klappt nicht immer, aber immer öfter.

UNTEN
Erst tanzen die Puppen und dann gibt es ein Nickerchen in ihren roten Bettchen.

STILQUELLEN

1 POSTER CHILD PRINTS Hier stammt das lustige Poster aus Daleys Küche her. Große, wilde Auswahl, versenden auch international: posterchildprints.com.

2 FINE LITTLE DAY ist ein Online-Shop, der von Schweden aus betrieben wird. Mit dem Anspruch, hübsche Produkte zu verkaufen, die ökologisch korrekt und fair hergestellt wurden: finelittleday.com.

3 ENTREPO In diesem Online-Shop kauft Daley gern Accessoires fürs Haus. Gleich mal vormerken für den Kapstadt-Besuch: entrepo.co.za.

SCHÖNES MACHEN

RECHTS
Guckt streng, ist aber wirklich sehr nett: Daley Muller. Die Designerin hat ein Händchen für hübsche Ideen: daleymuller.com.

Wie wohnt man mit Kindern schön, aber auch praktisch?
DALEY ERKLÄRT ES

„Keine Frage, es ist immer tough, das Haus ordentlich zu halten mit kleinen Kindern. Wir haben es einigermaßen in den Griff bekommen, indem wir mit unseren Töchtern besprochen haben, welche Räume zum Spielen da sind, welche nicht, und wo ihre Spielsachen wohnen. So fällt es ihnen auch leichter, beim Aufräumen die Sachen wieder an ihre Originalplätze zu bringen, statt alles quer im Haus zu verstreuen. Meistens teile ich jedem von ihnen fürs Aufräumen einen bestimmten Bereich zu und bin am Anfang dabei. Am Ende sind sie meist sehr stolz auf das, was sie geschafft haben. Vielleicht auch, weil sie sehen, wie glücklich mich das macht."

161

FRÄULEIN BRENNS GESPÜR FÜR IDEEN

... ist eine Wucht! Bettina Brenn lebt mit ihrer Familie in dieser 100-Quadratmeter-Altbauwohnung und liebt Vintage-Möbel, die sie mit ihren coolen Ideen zu echten Unikaten umgestaltet.

SCHÖNES MACHEN

LINKE SEITE
Die alten Schulstühle und den bei E-Bay ersteigerten Tischfuß ließ Bettina in Neongrün pulverbeschichten. Die Tischplatte lieferte faustlinoleum.de.

RECHTS
Genau, diese Ecke im Wohnzimmer gehört dem Gatten. Aber: Geschenkt bekommen hat er den Plattenspieler von seiner Frau. Die würden Sie auch heiraten, nicht wahr?

SCHÖNES MACHEN

DIESE SEITE
Die Ikea-Lampe wurde als Notlösung gekauft, weil Schwiegermama zu Besuch kam und es zu düster war. Das war vor zwei Jahren.

RECHTE SEITE OBEN
Gut gepimpt: Die Sessel sind vom Flohmarkt, die neuen Bezüge von designersguild.com und die passenden Sofa-Kissen von stelling-interiors.de.

RECHTE SEITE UNTEN
Wer so viele gute Ideen hat wie Bettina, braucht ein cooles Notizheft. Dieses ist aus der Edition Suhrkamp.

WO GIBT'S DIE?
GELBE STÜHLE

„Back to school" heißen die gelben Stühle von Zuiver. Gibt es zum Beispiel im Online-Shop designbotschaft.de in verschiedenen Farben zu kaufen.

SCHLAU GEMACHT
TISCHPLATTE SELBSTGESTALTEN

Den Tisch hat Bettina günstig ersteigert. Der einzige Haken war: Er hatte keine Platte. Aber solche Herausforderungen liebt Bettina. Sie ließ sich beim Glaser eine Tischplatte zuschneiden und weil die unbedingt Gelb sein sollte, klebte sie von unten eine gelbe Klebefolie (gibt es im Bastelbedarf) dran. Fertig war das nächste Unikat, auf dem die Figuren von Jonathan Adler top aussehen.

VINTAGE-MÖBEL SIND UND BLEIBEN IM TREND. ZU RECHT.

SCHÖNES MACHEN

WIE GEHT DAS?
GEMÜTLICHE STIMMUNG IM SCHLAFZIMMER

Erste Tat: raus mit dem Wäscheständer. Dieses Zimmer ist kein Abstellraum für alles, was in der restlichen Wohnung keinen Platz findet, sondern der Raum, der den Start in den Tag und die Nacht mitbestimmen kann. Also: Nur Hübsches ist erlaubt. Gemütlich wird es auch dank der gedeckten Farben. Und der Farbharmonien: lila Tagesdecke, Lila im Bild. Braunes Bett, brauner Schreibtisch. Das bringt Ruhe, genau wie die indirekte Beleuchtung.

FARBHARMONIEN SIND DER GRUND, WENN WIR „HACH" UND „HÜBSCH" SAGEN.

DIESE SEITE
Garderoben sind oft ein Graus. Diese hingegen ist so hübsch, dass man gern an ihr vorbeischlendert und sie benutzt.

LINKE SEITE OBEN
Stimmt, so ordentlich sieht es hier nicht immer aus, aber wenn, dann ist es der Knüller, oder?

LINKE SEITE UNTEN
Ein beiläufiges Stillleben: so schnell gemacht und immer wieder ein schöner Hingucker dank der zwei Farbschwerpunkte.

DER SUPERTRICK
GARDEROBE PULVER-BESCHICHTEN LASSEN

Natürlich, man kann die Garderobe genau wie die Küchenmöbel auch einfach mit farbigen Lacken selbst ansprühen. Bettina schwört hingegen auf eine Beschichtung mit Pulverlacken vom Profi-Lackierer. Sie sagt, dadurch würden die Farben noch brillanter und widerstandsfähiger werden. Und: Der Rest der Wohnung wird nicht eingesaut. Ach so, bevor Sie fragen: Die Garderobe hat sie sich vom Metallbauer machen lassen. Ist nicht so teuer wie es klingt, ganz im Gegenteil.

STILQUELLEN

1 ROBERT MORAT Die meisten Bilder in dieser Wohnung stammen aus der großartigen Hamburger Galerie von Robert Morat. Es gibt auch einen Schauraum in Berlin: robertmorat.de.

2 SCANDINAVIAN DESIGN CENTER ist ein sehr gefährlicher Online-Shop. Den kann man einfach nicht besuchen, ohne etwas zu bestellen: scandinaviandesigncenter.com.

3 MONOQI hat es sich zur Aufgabe gemacht, besondere und seltene internationale Designerteile in limitierter Auflage und nur für kurze Zeit anzubieten: monoqi.com.

WAS KARL SAGT, WENN ER HIER DURCH DEN FLUR RENNT? „COOL, MAMA!"

SCHÖNES MACHEN

Wo findet man Möbel- und Accessoire-Schnäppchen?

3 TIPPS VON BETTINA

1 AMBIENTE DIRECT veranstaltet regelmäßig online Sale-Aktionen wie zum Beispiel fünf Vitra-Stühle kaufen und einen umsonst dazubekommen: ambientedirect.de.

2 LAURITZ ist ein (Online-)Auktionshaus für tolle Vintage-Teile zum Ersteigern oder sofort Kaufen: lauritz.com.

3 FOUND4YOU bietet in seinem Online-Shop auch immer wieder Designobjekte zum Beispiel von Norman Copenhagen, Muuto und Iittala zu Sonderpreisen an, einfach auf die Rubrik „Angebote" klicken: found4you.de

LINKE SEITE OBEN
Trägt zu Recht einen Heiligenschein – der hübsche Vintage-Spiegel mit Beleuchtung vom Flohmarkt.

LINKE SEITE UNTEN
Minibar: Als Beauty-Journalistin weiß Bettina, welche Parfumfläschchen sich lohnen.

RECHTS
Hat hier auch immer mal wieder das Sagen: Sohnemann Karl, mit seiner Mama Bettina.

HIER IST NOCH ALLES IN ORDNUNG

Erst vor Kurzem haben Inka und Sönke für sich und ihre Kinder Vicco und Tomma und Hündin Pippa ein Haus gekauft. Jetzt wird das neue Zuhause fleißig eingerichtet. Fertig sind schon mal unter anderem die sehr kreativen Kinderzimmer.

SCHÖNES MACHEN

LINKE SEITE
Am runden Tisch kommt die Familie täglich zusammen. Das hat Hündin Pippa im Blick.

RECHTS
Das Epizentrum der Organisation: der Familienkalender und die Schlüsselstange. Plus: Für den Notfall gibt es auch eine Taschenlampe und einen Feuerlöscher.

SCHNELL GEMACHT
KALENDER UND SCHLÜSSELSTANGE

Wie man das Leben von vier Menschen und einem Hund organisiert? Zum Beispiel mit diesem praktischen Wandkalender von Ferm Living. Wird einfach aufgeklebt, und dann kann man Monat für Monat mit Kreide die wichtigsten Termine draufschreiben und wieder wegwischen. Und die Schlüssel und Schürze finden da drunter an einer Stange mit Haken Platz, die Ikea eigentlich mal als Handtuchhalter vorgesehen hatte.

SCHÖNE IDEE
SCHMINKTISCH FÜR MAMA

Ein Geschenk vom Gatten und der perfekte Start in den Tag: ein Schminktisch für Mama. Einmal Luft holen und sich ein paar Entspannungsminuten gönnen, bevor der Alltagsalarm losgeht. Sohn Vicco liegt gern auf einer Decke daneben und schaut seiner Mama zu, wie sie sich noch hübscher macht.

> WICHTIG FÜR ALLE: DASS JEDER EINE ECKE FÜR SICH HAT.

Hier lässt es sich super kuscheln: im „Ghost"-Bett von Gervasoni.

Hat schon diverse Fans: der „Fan Chair" von Tom Dixon. Genau wie „Frank", das Sofa von B & B Italia.

SCHÖNES MACHEN

Alles im Auge: In der ersten Etage gibt es eine kleine Kunstausstellung in Schwarzweiß.

DER SUPERTRICK
HANDLAUF NEON STREICHEN

Besonders viel Spaß macht es, sich Hingucker für Bereiche im Haus auszudenken, durch die man immer wieder flitzt. Die Treppe hoch in den ersten Stock zu den Kinderzimmern läuft die Familie ständig. Und wieder runter in die Küche. Und wieder hoch ins Bad. Noch schöner ist es, wenn man sich dabei immer wieder über eine ungewöhnliche Idee freuen kann: zum Beispiel einen farbig angestrichenen Handlauf. Kann man ganz schnell selbermachen und sorgt jeden Tag für viel Freude beim Sausen.

SCHÖNES MACHEN

KINDERZIMMER VOLLER IDEEN BESCHÄFTIGEN DEN NACHWUCHS.

WO GIBT'S DAS?
INDOOR-ZELT

Dieses Zelt haben die Eltern für Vicco bei Modelbauer Arndt von Hoff anfertigen lassen. Ähnliche gibt es aber auch von Firmen wie Ferm Living et cetera zu kaufen.

DIESE SEITE
Die Wickelkommode war durchgerockt vom ersten Kind, mit „Light Blue"-Lack von Farrow & Ball wurde sie wieder wie neu.

LINKE SEITE
Abenteuerspielecke: Die Birken wurden in der Decke und dem Fußboden verschraubt, jetzt kann Vicco in seinem Eimer Sachen befördern, Seile spannen und vieles mehr.

Platzsparer: Die Spielplatte kann man nach ihrem Einsatz praktischerweise an der Zimmertür aufhängen. Dafür braucht man nur an der Tür zwei Haken anbringen und zwei passende Löcher in die Platte bohren. Und auch sonst ist sie multifunktional einsetzbar. Die Holzplatte wurde mit Tafelfarbe angemalt, und mit Kreide kann man auf ihr Straßen einzeichnen oder Wälder – wonach den Kleinen gerade ist.

S

DER SUPERTRICK
FARBIG STREICHEN, WEISSRAUM LASSEN

Um Motive zu gestalten oder Bereiche im Zimmer zu markieren, braucht man nicht unbedingt eine zweite Farbe – genauso gut geht das, wenn man Weißräume übriglässt. Wie hier bei dem Baum über Viccos Bett. Dafür hat der Papa einfach mit Klebeband vorm Streichen den Stamm und die Äste abgedeckt und sie nach dem Trocknen der Farbe abgezogen. Auf der nächsten Seite sehen Sie, wie mit diesem Trick auch Tommas Küchenecke eingefasst wurde. So bekommt sie optisch mehr Zusammenhalt.

Grün, Gelb, Grau – das Reduzieren auf wenige Farben bringt immer wieder Ruhe in Räume. Da kann das Spielzeugchaos kommen.

SCHÖNES MACHEN

LIEBLINGS-THEMA FINDEN UND INSZENIEREN – DAS IST DER TRICK.

Vöglein, Vöglein an der Wand, wer hat das schönste Häuschen im Land? Na Tomma, das sieht man doch!

WO GIBT'S DAS?
VOGELHAUS FÜR KINDER

Bisher nur in Tommas Zimmer: Das ist ein Unikat von Designer Thomas Ehgartner. Wenn Sie lieb fragen, entwirft er Ihnen auch eins. Oder vielleicht können Sie so was ja sogar selbst?

Neben Piepmätzen Tommas zweite große Liebe: Mit Teddys Restaurant spielen.

UND JETZT: WEG MIT DER ORDNUNG!

SCHNELL GEMACHT
EINE BÜCHER-GARDEROBE

Jeden Abend, wenn Tomma sich in ihr Bett kuschelt, bekommt sie von Mama oder Papa noch eine Geschichte vorgelesen. Ihre aktuellen fünf Lieblingsbücher hängen an Kleiderbügeln über ihrem Bett. So kann man sie ganz einfach zum Vorlesen runterholen und hat gleichzeitig tagsüber eine hübsche Dekoration.

Kuschelecke: Wenn alle Vögel und Puppen versorgt sind, macht es Tomma sich hier gemütlich.

SCHÖNES MACHEN

Die Bagage auf einem Bild: Papa Sönke, Mama Inka, Sohnemann Vicco, Tochter Tomma und Hündin Pippa.

STILQUELLEN

1 MINIMARKT Einrichtungs- und Möbeltipps haben sich Sönke und Inka auch bei Xenia Alt, die den schönen Concept Store Minimarkt betreibt, geholt: minimarkt.com.

2 WOHNGESCHWISTERCHEN Hier gibt es alles, was das Kinder- beziehungsweise Mamas Herz begehrt. Hübsche Accessoires fürs Kinderzimmer, tolle Anziehsachen, ganz viel Entzückendes: wohngeschwisterchen.de.

3 CLIC verkauft zum Beispiel das „Frank"-Sofa von B & B Italia, das in Inkas und Sönkes Wohnzimmer steht: clic.de.

Wie kommt man auf ein schönes Kinderzimmer-Konzept?
3 TIPPS VON INKA

1 ROTER FADEN: Kleine Kinder können schwer sagen, was für Kinderzimmer sie gern hätten. Deshalb: beobachten, welche Spielleidenschaft von Dauer ist und daraus Ideen ableiten. Tomma liebt Vögel, Puppen und Küchen. Für Vicco haben wir als Inspiration die Abenteuerlust aus dem Film „Moonrise Kingdom" von Wes Anderson gewählt.

2 SPIELMÖGLICHKEITEN SCHAFFEN: Ein Kinderzimmer ohne Spielideen ist ein Eigentor. Dann werden Kinder lieber andere Räume auseinandernehmen.

3 FARBWAHL: Farben, die relativ neutral sind und viel Wandel mitmachen, sind hilfreich. Wir haben für Tommas Zimmer als Wandfarbe „Teresa's Green" und als Holz- und Heizungslack „Cinder Rose" von Farrow & Ball gewählt.

Eine Garage für den Kinderwagen dank Weißraum. Auch hübsch: farbige Heizkörper.

DIE GROSSE EFFEKTHASCHEREI

Zum Schluss zeige ich Ihnen noch das Zuhause von mir, meinem Mann und unserer Tochter. Herzlich willkommen! Ich denke mir sehr gern Einrichtungsideen aus, scheue aber den Riesenaufwand, weshalb Sie hier viele simple Beispiele sehen werden, die trotzdem für tolle Effekte sorgen. Das hoffe ich zumindest! Hereinspaziert ...

SCHÖNES MACHEN

Die Kupferregale, via minimarkt.com, geben dem kühlen Blau etwas Warmes. Schöner Sidekick: Zeitschriften auf Kleiderbügeln.

SCHLAU GEMACHT
ESSTISCH MIT LACKSCHICHT

Der sehr große Holztisch wirkte im Esszimmer immer wuchtig und passte nicht zur Leichtigkeit des restlichen Raumes. Bis Einrichtungsexpertin Jutta Werner, nomad-studio.de, zu Gast war und meinte: „Verpass ihm doch einfach eine weiße Lackschicht, dann wird er anfangen zu schweben!" Gesagt, getan. Und siehe da: Jetzt fliegt er geradezu durch den Raum. Kann man natürlich auch in anderen Farben streichen, je nach Esszimmer-Farbkonzept.

Sieht gleich kuschelig aus und ist es auch: ein Fell auf jedem Holzstuhl. Tragen ebenfalls zur Gemütlichkeit bei: Vorhänge.

SCHÖNES MACHEN

DAS LEBEN IST OFT KOMPLIZIERT GENUG, MACHEN WIR'S UNS DOCH ZUHAUSE EINFACH SCHÖN.

Gute Bilder lassen den Betrachter auch mal stehen bleiben. Dafür sind die von Ini Neumann perfekt, via minimarkt.com.

SCHNELL GEMACHT
„PS"-IKEASCHRANK FARBIG ANSPRÜHEN

Profilackierer bekommen jetzt wahrscheinlich die Krise und würden Ihnen zum Reinigen, Grundieren, Versiegeln und sonstigem Heckmeck raten. Ich bin da eher der faule Typ, habe den Schrank einfach nach draußen ins Freie gestellt und mit Lack besprüht. Ich schwöre auf den Molotow-Sprühlack, bekommt man im Künstlerbedarf oder auch in Skaterläden, wo Sprayer gern einkaufen. Hält dufte.

SCHÖNES MACHEN

KINDER- ODER ARBEITSZIMMER? WARUM NICHT BEIDES IN EINEM?

WO GIBT'S DAS?
DIE KINDERECKE

Die großen Stofftierköpfe an der Wand sind von bodieandfou.com. Das „Sebra"-Kinderbett gibt es bei lys-vintage.com und die „Troll Sun"-Wickelkommode bei sproesslingedesign.de.

Am Anfang wollen Babys doch eh immer bei ihren Eltern sein. Also warum nicht gleich eine Mama-Tochter-WG im Arbeitszimmer?

WORAN MAN EINE GUTE IDEE ERKENNT? DIE WOLLEN ALLE NACHMACHEN.

SCHÖNE IDEE
KRÄUTER IN ALTE KANNEN PFLANZEN

Auf diese Idee hat mich das sehr kreativ eingerichtete Hotel Lindenberg (das-lindenberg.de) in Frankfurt gebracht. Die haben diverse alte Kaffeekannen mit Kräutern und Blumen bepflanzt. Sieht beeindruckend aus und wurde zuhause gleich nachgemacht, mit Minze. Manchmal kommen auch Schnittblumen rein, ebenfalls hübsch.

OBEN
Oft vernachlässigt: die Haustür. Dabei kann man sie kreativ gestalten – mit Wandstickern verzieren oder farbig streichen.

RECHTS
Schwer bewachte Kochbücher: Die liebsten und besten sollte man immer griffbereit und gut gesichert verwahren.

RECHTE SEITE
Die „Hague Blue"-Wandfarbe von Farrow & Ball schafft einen schönen Kontrast zum restlichen Weiß der Küche und lässt die Accessoires hervorstechen.

SCHÖNES MACHEN

Wie schafft man mit einfachen Tricks große Effekte?
STEFANIE ERKLÄRT ES

1 VERFEINERN: Die Blablabla-Bilder aus unserem Wohnzimmer wirken stärker zu dritt als allein. Plus: Klassische Bilderrahmen sind oft öde, also habe ich die Schrift des Bildes mit Masking Tape verlängert. Heißt: Man muss nur überlegen, was einem fehlt oder einen stört, schon kann man Tolles noch toller machen.

2 VERKAUFEN: Oft braucht man gar keine neuen Sachen, muss sich einfach nur von Altem trennen, um mehr Klarheit, Leichtigkeit und Ruhe zu erzeugen.

3 VERBLÜFFEN: Was der Mensch nicht kennt, überrascht ihn. Das können überdimensionierte Dinge sein wie die großen Stofftierköpfe an der Wand in unserer Kinderecke. Oder Sachen in besonders großer oder kleiner Stückzahl. Alles, woran man sich noch nicht sattgesehen hat.

STILQUELLEN

1 BOUGIANDBO Die beiden Einrichtungsexperten Klaudia Buggenthin und Bernhard Ortlieb haben nicht nur Ahnung, sondern auch ein tolles Geschäft. Wir haben da unter anderem unseren Wohnzimmer-Teppich gekauft: bougiandbo.de.

2 SPRÖSSLINGE DESIGN Britta Rabe kennt und verkauft die schönsten Kindersachen, auch online: sproesslingedesign.de.

3 OHHH... MHHH... Die schwarzen Rauten an der Haustür, das Kupfer-Konfetti im Flur – gibt es neben anderen Sachen in meinem Online-Shop: ohhhmhhh.de.

WO GIBT ES WAS? DER HERSTELLERNACHWEIS

ANKOMMEN
Seite 8 Lampe: Tom Dixon; Stühle: Konstantin Grcic; Tisch: alter Schneidertisch; Kinder-Hochstuhl: Sirch – gekauft bei de Breuyn. **S 11** Sofa: Ire; Hängeleuchte: Secto Design; Teppich, Sofatisch und Sessel: Vintage. **S 12** Hängeleuchte: Ay Illuminate; Wandfarbe: Farrow & Ball. **S 13** Kissen: Luckyboysunday und Hay; Plaid: Normann Copenhagen; Sofa: Ire; Hängeleuchte: Secto Design; Tisch und Teppich: Vintage. **S 14** Stehleuchte: Gubi; Illustrationen: Jonna Fransson; Kinderstuhl: Ikea; Hutschachteln: Miss Etoile. **S 15** Federhut: aus Kamerun – ähnliche gibt es bei Cape Times/Berlin; Piratenschiff: Playmobil; Seegraskorb: African Arts Stockholm. **S 16** Schaukelstuhl: Vintage; Regal: Vintage Kai Christiansen; Stühle: Carl Hansen & Son; Lampe: Louis Poulsen. **S 17** Kommode: Asplund; Stehleuchte: Gubi; Utensilo: Vitra; Aufbewahrungsregale: House Doctor. **S 18 oben** Kinderbett: Sebra; Schränke: Ikea; Federleuchte: Lys Vintage; Teppich: Vintage; Regal: String. **S 18 unten** Küche: Bax Küchenmanufaktur; Kaffeemaschine: Isomac Millenium; Leuchten: Vintage – ähnliche gibt es von Bolich Leuchten; Thermoskanne: Stelton; Geschirrtücher: Kauniste. **S 19** Vase und Spiegel: Normann Copenhagen; Kommode: Erbstück; Französische Cloche: Vintage. **S 20** Vasen (von links nach rechts): Vintage Royal Copenhagen und Lyngby Porzellan; Illustration: Leise Dich Abrahamsen; Duftkerze: Diptyque; Kupferdose: House Doctor; Highboard: Luc von Asplund. **S 22/23** Sofa: Zanotta; Bild: Sun Guo. **S 24/25** Wiege: Leander; Sessel: Moroso – gekauft bei Sleeping Dogs; Schaukelschaf: via smallable.com; Vogellampe: „Early Bird" von Alma's Room via lys-vintage.com. **S 26 oben** Blauer Sessel: Vintage; Wiege: rasselfisch.de. **S 26 unten** Bücherregal: Dieter Rams via Vitsoe; Sessel: Moroso via Sleeping Dogs; Teppich: Vintage via lauritz.com; Stehlampe: Tom Dixon. **S 28** Hauskasten: Ferm Living; Wandhaken: Hay; Hocker: Kuckuck Kindermöbel via Immer im Zimmer. **S 29** Spielhaus: selbstgemacht (Anleitung siehe Seite 19) **S 32** Bank, große Vase, Lampe, Fell: Ikea; kleine Vase: Bloomingville; Eckschrank: via velvet-point.de; Tapete: „Cocoa" via tapetenagentur.de; Silberkissen: Ikea; Strickkissen: selbstgestrickt; Schriftzug Ahoi: Westpakete via DaWanda. **S 33** Daybed: Knoll via velvet-point.de; Bilder und Wolldecke: Ikea; Libellenkissen und dunkelgraues Kissen: via Westwing; schwarze Lampe: Flohmarkt. **S 34** Tisch: Yellow Möbel; Stühle und Bild: Impressionen; Vasen: Zara Home; Marmorschale: Flohmarkt; Fell und Bank: Ikea; Silberkissen: H&M Home; Lampe: Louis Poulsen; Tapete: „Tiffany" via tapetenstudio.de. **S 35** Liege, Fell und Tisch: Ikea; Typo-Kissen: Philuko via DaWanda; Lampe: via Westwing. **S 36** Recamière: Ikea; Regal: Vintage via Ebay; Decke: H&M Home; Lampe, Pouf und großes Kissen: via Westwing; kleines Kissen: selbstgestrickt; Beistelltisch: Zuiver. **S 37** Küche: Ikea; Regal: via velvet-point.de. **S 38** Bett und Lampe: Ikea; Kissen und Mobile: selbstgemacht; Schrank: Vintage; Bettwäsche: H&M Home. **S 39** Schrank, Duschvorhang und Spiegel: Ikea; Spiegelband: Hay via found4you.de; Blumenampel und Handtuchhalter: Urban Outfitters; Handtücher: Bed and Room. **S 40 oben** Regal: Trödelladen; Schrank, Obstkorb und rosa Vase: Ikea; Stuhl: via Vintage-Laden Jos; kleine Lampe: Vintage; Kerzenständer: Finnsdottir; Pappvasen: Snug via DaWanda; Kissen: via Westwing. **S 40 unten** Schreibtische: Ikea; Stühle: Trödelladen; Kissen: Ahoj-2012 via DaWanda; Regal: Vintage via E-Bay. **S 41** Schreibtisch: Flohmarkt; Stuhl: Impressionen; Fell: Ikea; Wandfarbe: Brillux 63.06.27.

MUTIG SEIN
Seite 42 Sessel: „Up" von Gaetano Pesce; Algen: Vitra Algue von Ronan und Erwan Bouroullec; Lampe: Ingo Maurer; Zeitungsständer: Stoppino. **S 45** Bilder, Teppich und Kommode: Familienbesitz; Stühle: Eames Vintage. **S 46** Esstisch und Stühle: Warren Platner für Knoll; Lampe überm Esstisch: unbekannt; Kerzenständer: Nagel; Schrank: Familienbesitz. **S 47** Hocker: Warren Platner; Aluminium-Lampe: Max Sauze; Kommode: Raymond Loewy; Bilder: Belicita Castelbarco, Almir Mavignier, Robert Lucander; Lampenfüße: Murano. **S 48** Sessel: Warren Platner; Tulu-Teppich: aus Anatolien; afrikanische Skulpturen: Auktionshaus. **S 49** Lampe: Max Sauze; Regal: Nils Moormann; Sessel: Warren Platner für Knoll. **S 50** Schränke: Ikea; Teppich: aus Anatolien; Bilder: Belicita Castelbarco; Leuchten: Ikea. **S 51** Sofa: Artifort; Bild: Alexander Raymond; Kissen: Vintage Sari Indien. **S 52 links** Regal: Dieter Rams; Hi-Fi: Naim; Hocker: Knoll. **S 52 rechts** Vasen: Rosenthal. **S 53** Pferd: Flohmarkt; Bild: vom Großvater gemalt; Rest: Familienerbstücke. **S 54** Bild: Sroka. **S 55** Hocker: Bertoia; Bett: Caravane Paris; Lampen: Murano; Bettdecke: Society; Bild: Roland Doil; Teppich: Vintage. **S 56** Weiße Lampe: Louis Poulsen Panthella Vintage; Sideboard: Vintage; Fotografie: Billy and Hells; Lampe auf Sideboard: Wagenfeld; Lampe im Vordergrund: „Moon Lamp" Verner Panton; Wandsticker: ohhhmhhh.de. **S 57** Fahrrad: Bianchi; Fotografie: Dieter Elsässer. **S 58/59** Matratzen: Ikea; Kissen: Missoni, Kenzo, Maison de Vacances; Fotografie: Tim Walker. **S 60** Lampe: Tom Dixon; Eichentisch via rosabraun-stuttgart.de; weißer Stuhl: Harry Bertoia Vintage; Kissen: Missoni; Bild: Jane Birkin via johanna-schultz.de; Vasen: Vintage; Fisch: Jonathan Adler; A-Buchstabe: via johanna-schultz.de. **S 61** Farbe: „Hague Blue" von Farrow & Ball; goldene Lampe: „Pistillo"-Wandleuchte von Studio Tetrarch Vintage; Stuhl: „Tulip Chair" von Eero Saarinen; Kissen: Missoni. **S 63 oben** Decke: Jardin D'Ulysse; Lampen: Lampenfüße Vintage, Schirm Missoni; Nachttisch: Bolia. **S 63 unten** Lampe rechts: Jieldé; Fotografie: Andreas Feininger New York; Dackel: Jonathan Adler; Tisch: alter Bibliothekstisch aus dem Institut Français; Farbe: „Great White" von Farrow & Ball. **S 64** Rahmen mit neapolitanischen Krippenfiguren und süddeutscher Hochzeitsschrank: alles 18. Jahrhundert, Familienbesitz; Arbeitsstuhl: Firma Singer um 1900. **S 65** Ölgemälde: 18. Jahrhundert; Nachttisch: Art déco Frankreich um 1920; Arbeitsleuchte: um 1930; Kissen: Missoni Home; chinesisches Regal mit kleinen Schätzen und Erinnerungsstücken. **S 66** Fotografie: Bettina Rheims; Ohrenbackensessel: vom Großvater um 1880 mit neuem Bezug; große Kristallvase: um 1920. **S 67** Hochblock: 20. Jahrhundert; Getränkekisten: Dänemark um 1920; Ölgemälde: deutscher Maler um 1900; Lampe: so genannte „Stobwasser" um 1820; neapolitanische Krippenfigur um 1780; Buchstabe b: Bennetton. **S 68/69** Tisch: um 1880; Stühle: um 1780, neu bezogen mit „großem Hahnentritt"; Vase: so genannte „Gallé" um 1900; Hocker: Rowag um 1940; Deckenlampe: Claus Bonderup & Torsten Thorup für Fog & Morup. **S 70 oben** Belgischer Paravent: um 1800; Tisch: alter „Zahlmeister" mit gekürzten Beinen um 1750; Hocker: Rowag, mint lackiert; Jugendstil-Büste als Lampe montiert; Kinderstuhl: 19. Jahrhundert; Deckenlampe: 1970er Jahre. **S 70 unten** Biedermeier-Tablett: um 1840; Zifferblätter aus Emaille; Anhänger: Vanilla Fly. **S 71** Neonschriftzug: johanna-schultz.de; Büsten: Biskuit-Porzellan 19. Jahrhundert, Champagner-Kühler aus Holz: Moët & Chandon Ende 19. Jahrhundert; Schrank: um 1760 mit Porphyr-Fassung; Arbeitsstuhl: Firma Singer um 1900. **S 72/73** Im Vordergrund: große chinesische Seladon-Vase; dänischer Sekretär: 18. Jahrhundert; Bilder: K.R.H. Sonderborg; Arbeitsstuhl: England 20. Jahrhundert; im Hintergrund: Stühle: „AVA" von Roche Bobois 2011; Deckenlampe: Emil Stejnar, Ausführung Rupert Nikoll; Stuhl: abgesägter Turnbock; süddeutscher Hochzeitsschrank: 18. Jahrhundert. **S 74 oben** Kinderstuhl: 19. Jahrhundert; Mickey-Maus-Telefon: um 1980; französischer Buchstabe O; Ölgemälde: Deutschland 18. Jahrhundert; große Metalltonne aus Pakistan; alte Muschel: Familienbesitz. **S 74 unten** Tassen: Big Tomato Company; Flasche: tschechische Siphon-Flasche. **S 76/77** Vasen, Kommode und Teppich: Die Remise; Holzelefant: Lys Vintage; blaues Pferd: Flohmarkt; Bild: Andreas Klammt; Coffeetable: Jörg Pietschmann via Conni Kotte; Fensterbankdeko: Trödel in Kopenhagen; Vorhänge: Stoffgroßhandel Mahlerstoffe; Beistelltisch: Prana bar; Sofa: Flexform; Decke: Lys Vintage. **S 78 oben** alles vom Flohmarkt. **S 78 unten** Bett und Bettwäsche: Habitat; Decke und Vase: Die Remise; Regal: „String" von Prana bar; Stuhl: Flohmarkt. **S 79** Samtvorhang: Lizzart Living; Lampe und Stuhl: Flohmarkt; Wal: Lys Vintage; Schreibtisch: Tischlerarbeit nach eigenem Entwurf. **S 80** Bett: Stapelliege von Rolf Heide; Bilder: Ralf Nietmann und Freunde. **S 81 oben** Entwürfe von Ralf Nietmann. **S 81 unten** Bild: Ralf Nietmann; Affe: Die Remise; Ei: selbstgemacht; Holzschatulle: Trödel; Muschel: Urlaub. **S 82** Vasen und Kommode: Die Remise; Holzelefant: Lys Vintage; blaues Pferd: Flohmarkt; Bild: Andreas Klammt. **S 83** Deckenlampe: Discoco via Conni Kotte; Stehlampe: Schirm aus Bambustapete von Rasch, Lampenfuß von Die Perle; Figuren: Die Remise; Vase: Flohmarkt; Sitzgruppe: Erbstücke mit neuen Bezügen via Britta Winkelsen; Bilder: Ralf Nietmann und Freunde. **S 84** Hängekorb: „Cocoon" von Patricia Urquiola; Leuchte: Bocci – gibt es alles bei Sleeping Dogs zu kaufen. **S 86 oben** Sofa: „My Beautiful Backside" von Doshi und Levin für Moroso; Tischchen: e15; Teeservice: Ruth Gurvich für Nymphenburg; Vase: Tortus Copenhagen; Kupferleuchte: Dirk Derksen; Bodenleuchte: „Balloon" von Brokis; Schuhe: Piola; Sessel: Edward van Vliet für Moroso – gibt es alles bei Sleeping Dogs zu kaufen. **S 86 Mitte** Gefäße: Sebastian Herkner für Pulpo; Figuren: Jaime Hayon für lladro – gibt es alles bei Sleeping Dogs zu kaufen. **S 86 unten** Sessel, Sofa und Tischchen: Patricia Urquiola für Moroso; Teppich: Nani Marquina; Leuchte: Tank von Alexander Taylor für Established and Sons Design – gibt es alles bei Sleeping Dogs zu kaufen

PLATZ NEHMEN
Seite 88 Teewagen: Vintage; Bild: Skyren; Tisch und Stuhl: aus Wohnungsauflösung in Nachbarswohnung; Tischleuchte: „Daphine" von Lumina via E-Bay. **S 91** Lampe: Flamant; Kisten: Hermès. **S 92** Tisch: Flamant; Flaschen auf der Fensterbank: Johanna Schultz; Elefant: Geschenk aus Thailand; Stühle: Metamorphose; Lampe: Catellani & Smith via Prediger; grüne Decke: Scholten & Baijings via Roomservice; Vasen: Th2 White; Kerzenleuchter: Familiensilber; Zebra: D'or; Kerzen: Kalason; Teller: Hermès. **S 93** Sessel: Meridiani via Stadthaus Einrichtung; Tisch: Vitra via Gärtner; Kissen: Missoni via Stadthaus Einrichtung; Decke: Zoeppritz via Stadthaus Einrichtung; Bild: Heiko Müller via Feinkunst Krüger; Aschenbecher: Hermès; Duftkerze: Diptyque. **S 94** Kiste: Stadthaus Einrichtung; Vase: aus einem Lädchen auf Sylt; Madonna: Das siebte Zimmer; Duftkerze: Diptyque; Bilder: Krink via Vicious Gallery. **S 95** Chaise Lounge: Meridiani; Decke: Zoeppritz; Kissen: Missoni; Tritt: Roomservice; Duftkerze: Diptyque; Schmetterling: Kuball & Kempe. **S 96 oben** Bett: Meridiani; Bettzeug: Christian Fischbacher; Decke und Hocker: Die Remise; Nachttisch: Vitra; Lampe: Stadthaus Einrichtung; Bilder: Heiko Müller via Feinkunst Krüger. **S 96** Bild: Skyren; Fläschchen: Das

siebte Zimmer; Duftkerze: Diptyque; Lampe: Metamorphose. **S 97** Sofa: Meridiani; Tisch: Flamant; Bild: selbstgemacht; Kissen: Missoni; Decke: Scholten & Baijings; Vasen: Th2 White; Kerzenleuchter: Familiensilber; Zebra: D'or, Kerzen: Kalason; Teller: Hermès. **S 98 oben** Boxen: Th2 White; Duftkerze: Diptyque; Vase: Saxifraga; Schmetterling: Kuball & Kempe; Düfte, Öle und Cremes: Diptyque, Balmain, Byredo, Tom Ford; Bürste: Marlies Möller. **S 98 unten** Feuerlöscher: Krink via Vicious Gallery; Bilder: Sozyone, Femke Himestra, Nunca, Heiko Müller, Eva Schmitt, Skyren, Mr. Nonski, OZ, Stefan Marx, Bruno Veleso. **S 100** Sofa: Habitat; weiße Lampe: Ikea; Lampentisch: alte französische Wäschetonne via La Cigale; gelbe Stehlampe: Habitat; Teppich: Ikea; Kissen mit Schriftzügen: Skyren; Wolkenkissen: Donna Wilson; Wolldecke: Scholten & Baijings; Sofatisch: von Mama; Girlande: Tiger. **S 101** Bücherregal: Ikea; Bett: Kinderkamers; Teppich: Vintage via E-Bay. **S 102** Bild: Skyren; Schreibmaschine: Stilbruch; Schultisch: Vintage vom Flohmarkt; Keramikschale: Kähler. **S 103** Deckenleuchte: Moooi via Roomservice; Stühle: Thonet; Esstisch: Vintage aus den 1980er Jahren; Blumenvase auf dem Tisch: Ittala; Keramikvase auf der Fensterbank: Kähler. **S 104** Deckenleuchte: Habitat; Teppich: Nils Borstelmann; Stehlampe: Ikea; Bettwäsche: byGraziela; Sessel: Vintage 1960er Jahre; Peace-Kissen: Zara Home. **S 105** Bilder: fast überwiegend Skyren und Niels Buschke. **S 106 oben** Bett: Hansa Engel; Tisch: „Adjustable Table" von Eileen Gray; Nachttischlampe: E-Bay; Lampenschirm: Habitat; Bettwäsche: Habitat; Bilder: E-Bay. **S 106 unten** Schrank: Lys Vintage; Patchwork-Sessel: Anita Hass; Buchstaben: Johanna Schultz. **S 108/109** Lampen: Ikea; Neon-Kabel: NUD; Tisch: Home & Garden; Stühle: Eames; Teppich und Tablett: Ikea; Vasen: Tiger; Tapete: Bolia. **S 110** Bild mit Liebesgedicht von Erich Fried: Jeannine Platz; Hocker und Boxen: Ikea; Band: Hay; Wandfarbe: Farrow & Ball. **S 111** Sofa, Teppich, Schaukelstuhl und Fell: Ikea; weiße Kissen: Bemz; Tisch: Rothaus; Decke: Ferm Living; Wandfarbe: Farrow & Ball. **S 112 oben** Bett: Flamant; Plaid: Ikea; Lampen: Lights of Living; Wandfarbe: Farrow & Ball. **S 112 unten** Lampe: Lights of Living; Leiter: E-Bay; Korb aus Weidengeflecht: Blumen Graaf; Kerze: Notre Dame de Paris. **S 113** Seifenspender: Habitat; Waschschüssel: E-Bay; Tapete: Cole & Son via Lys Vintage. **S 114 oben** Plakat: Hello Petersen; Lampe: Lights of Living; Tablett auf der Fensterbank: Ferm Living; Wandfarbe: Farrow & Ball. **S 114 unten** Bild: BoConcept; Gitarre: Amazon; Truhe: Ikea beklebt mit Polka Dots von Minimarkt; Stehlampe, Stiftehalter und Wabenpompons: Ikea; Bank und Tisch: Oliver Furniture; Hula-Hoop: Lillifee; Wandfarbe: Farrow & Ball. **S 115** Vliestapete: tapetenmax.de; Lampe: Lights of Living; Stühle: Ikea; Tisch: Vintage; Geschirr: Lys Vintage. **S 116** Kommode: Biedermeier 1820 Wien; Sessel: Vintage Skandinavien; Spiegel: Paris 1950; Keramik: Manufaktur Hedwig Bollhagen; Büste und Lampen: Vintage Frankreich – gibt es alles in der Remise zu kaufen. **S 119 oben** Schmuck: Sabine Schwer; Keramik: Manufaktur Hedwig Bollhagen; Vase: Vintage 1960; Krokodil: Vintage; Koralle: Vintage; Krug: Silber Vintage; Teekanne: Paris; Stoff: Schweden Vintage – gibt es alles in der Remise zu kaufen. **S 119 Mitte** Kommode: Biedermeier 1820; Stoffe: Hallingdal, Kvadrat und Missoni; Bilder: Erik Riebe; Dosen: Kollektion Die Remise Unikate – gibt es alles in der Remise zu kaufen. **S 119 unten** Gartenmöbel: Weishäupl; Kissen: Missoni; Krug: Vintage, Gläser, Tiermotive Kollektion Die Remise – gibt es alles in der Remise zu kaufen.

TÜREN ÖFFNEN
Seite 120 alles von Rice. **S 123** Kissen: Lorenzo Nassimbeni; Bettwäsche: Helon Melon; Lampen: Province Lighting; Teppich: handgemacht aus KwaZulu Natal. **S 124** Stuhl: LIM; Sofa: Vintage; Leinenvorhänge: Anfertigung. **S 125** Schwebendes Bett: selbstgebaut. **S 126 oben** Schränke: Anfertigung, Illustrationen: Schwägerin. **S 126 unten** Stuhl und Pouf: Klooftique; Beistelltisch: Loft Living; Lampe: LIM. **S 127 oben** Schrank: Geschenk von Freunden; Inhalt: aus einem Shop, den es nicht mehr gibt. **S 127 unten** Kissen: selbstgemacht aus Shweshwe, einem afrikanischen Stoff. **S 128** Stühle: Loft Living; goldene Schalen: Tom Dixon; Kommode: antik; Kerzenständer et cetera: Flohmarkt und Reisen. **S 129 oben** Tisch: von Freunden; Lampen: Porky Hefer; Stühle: Weylandts. **S 129 unten** Gemüsekästen: selbstgebaut. **S 130** Schränke: aus einer Behindertenwerkstatt; Tisch: selbstgemacht; Kästen auf dem Tisch: Rinascente; Stuhl: Boardmans; Sessel: LIM; Lampen: Hoi Ploy; Teppich: Woodheads; Poster: von einem Freund; rote Vase: Menu. **S 134/135** Sofas: Tine K. Home; Tische: Lerche Design; Vorhänge: Ikea; Kissen und Teppich: Rice; Spiegel: Familienerbstück. **S 136** Tisch: Lerche Design; Rest: hauptsächlich Rice und Nespresso. **S 137** Kommode: Familienerbstück; Bild: Marianne Godsk Abildgaard; Rest: Rice. **S 138/139** Lampen, Vasen, pinker Sessel: Rice; Tisch: von befreundetem Tischler; Stühle: Cane-line. **S 140 oben** Tapete: Studio Ditte; Tisch und Schaukelstuhl: Sika Horsnaes; Lampe, Vase, Rentier und Teppich: Rice. **S 140 unten** Spiegel: Ikea; Tapete: via thecollection.fr; Rest: Rice. **S 141** alles von Rice. **S 142** Kommode: Vintage; Sockenpuppen: Etsy; Teppich und Lampe: Rice. **S 143** Beistelltisch: Cane-line; Kissen und Teppich: Rice; Teller an der Wand: Vintage; Sofa: aus Thailand; Bilder: Vintage. **S 144** Kissen: Rice. **S 147 oben** Regal: Linde&Linde; Hocker: Tom Dixon; im Regal: Mix aus Vintage und Rice. **S 147 Mitte** Sessel: Nijhof Amsterdam; Bild: Attasit Pokpong via Magic Art Gallery; Rest: Rice. **S 147 unten** Kommode: Vintage; Strauß, Kerze und Schale: Rice.

SCHÖNES MACHEN
Seite 148 Auto: Smallable; Wandfarbe: Farrow & Ball; Holzradio: Wooden Radio, Bär: Steiff; Zelt: Arndt von Hoff Modellbau; Sturmlaterne: Greemotion Amazon. **S 151** Bäumchen: aus Tapete von Fine Little Day; Landkarten: Vintage. **S 152** Baumhaus: Tischlerarbeit nach Entwurf des Hausherrn. **S 153** Tisch und Stühle: Stokperd; Puppen auf dem Regal: Habitat; Lampe: Design House Stockholm; Hocker: LIM; Bilder: Friends with you und Conrad Botes. **S 154** Ofen: Smeg; Becher: Wonki Ware; Kessel: Le Creuset. **S 155** Sofa: Vintage; Spiegel: selbstgemacht; Lampe: Liam Mooney; Couchtisch: Anfertigung; Beistelltisch: LIM; Pouf: Moroccan Warehouse. **S 156/157** Wanddekoration: selbstgemacht; Bild: via zandersandsons.com; Eule: Big Blue; Kissen: H&M. **S 158 oben** Regal: Saks Corner; Bilder: Riaan Hoffmann und Conrad Botes; Hocker: LIM und Woodstock; Lampe: Design House Stockholm. **S 158 unten** Spiegel und Wandkleber: selbstgemacht. **S 159** Daybed: selbstgebaut; Hocker: Feeling African; Kissen und Becher: Country Road. **S 160 oben** Buchregale: Anfertigung (gibt es ähnlich bei Ikea); Kissen: Conran Shop; Uhr: George Nielson; Girlande: Geschenk. **S 160 unten** Puppenbetten: Anfertigung; Girlande: Geschenk von der Schwester. **S 162** Stühle: Vintage Schule; Tischfuß: E-Bay; Lampe: Vintage via Ply; Fotografien: Kai Jünemann. **S 163** Bilder: Kai Jünemann; Rest: Vintage. **S 164** Tischplatte: Vintage, Gestell: Hay; gelbe Stühle: Zuiver; Bild: Jessica Backhaus via Robert Morat Galerie; Lampe: Ikea; Sideboard: E-Bay; gelbe Vase: Marron. **S 165 oben** Sofa: Habitat; Decke: Aigle; Kissen: Stelling Interiors; Sessel: Flohmarkt; Keramik: Jonathan Adler; Leuchte: Stelling Marke; Tisch: E-Bay; Kuhfell: Ikea; Sessel: Flohmarkt. **S 166** Bett: Habitat; Decke und Schreibtisch: Vintage; Tasche: Louis Vuitton; Bild: Christian Patterson. **S 167** Garderobenständer: Anfertigung. **S 168** Kommode, Lampe, Vasen: Vintage. **S 170** Tisch: „Tulip" von Eero Saarinen für Knoll; Stühle: Eames; Deckenleuchte: via Ply. **S 171** Wandkalender: Ferm Living; Schlüsselstange: Ikea. **S 171 oben** Schminktisch: Vintage aus Dänemark; Bett: „Ghost" von Gervasoni, Lampe: Muuto. **S 172 unten** Sofa: „Frank" von Antonio Citterio für B&B Italia; Stehleuchte: „Flos Arco" von Achille Castiglioni; Stuhl: „Fanchair" von Tom Dixon; Vorhänge: italienisches Leinen von Society Limonta; Kerzenleuchter: Vintage Design Nagel; Kissen: Aiayu; Leinenkissen: Society Limonta. **S 173** Lampe: „Grashoppa" von Gubi; Hocker: „ML" von by Lassen. **S 174** Zelt: Arndt von Hoff Modellbau; Bilderrahmen: via Sprösslinge Design; Sturmlaterne: Greemotion via Amazon; Fuchs: Steiff; Netztaschen: Manufactum. **S 175** Holz V: Lys Vintage; Holz-Radio: wooden-radio.com; Teppich: Knutzen; Koffer: Manufactum; Mobile: via Amazon; Auflagenbezug: Numero 74. **S 176 oben** Netztasche: Manufactum. **S 176 unten** Bett und Kisten: Sebra; Stehlampe: Vintage; Sessel: Hay via Lys Vintage; Decke: via Sprösslinge Design; Kissen: Ferm Living via Sprösslinge Design; Gardinen: Numero 74; Vogelhauslampe: Etsy; Vogelbilder: Lithografien nach Zeichnungen von John Gould. **S 177** Vogelhäuser: Unikat von Thomas Ehgartner; Bild: Stefanie Schneider via Lumas; Vogelkäfige: via Amazon; Gardinen und Körbe: Numero 74; Teppich: Muskhane; Kissen im Vogelhaus: via Wohngeschwisterchen; Vögel: Happy Confetti. **S 178 oben** Küche: haba; Eisbild: Etsy; Kästen: Söth; Holz-Eis: via Wohngeschwisterchen; Vase: Bolia; Lampen: NUD; Tisch und Stühle: Vintage. **S 178 unten** Bild: Stefanie Schneider via Lumas; Kleiderbügel: TK Maxx; Eis-Springseil: via Wohngeschwisterchen; Stuhl: Eames; Bettwäsche: Ferm Living. **S 180/181** Sofa: „Madison" Bolia, Bilder: One Must Dash; Tisch: Hay via Lys Vintage; Kupfer-Vase: Bloomingville; Kerzenständer: Nagel; Kissen: House Doctor; Stuhl: „Acapulco" via Decorazioni; Kupfer-Regale: Bloomingville via Minimarkt; Bodenvase: Ikea; Hocker: Tom Dixon; Kupfer-Bügel, Kerzenständer und Wolldecke: Hay, Schwarzweiß-Vasen im Regal: via Minimarkt; Duftkerze: H&M Home; Postkarte: Ini Neumann; Vögel: Vintage; Box mit Kupfer-Kugel: House Doctor; Teppich: via Bougiandbo. **S 182** Stühle: Lys Vintage; Tisch: Punct Design; Lampe: Secto Design; Felle und Vorhänge: Ikea; Kerzenständer: by Lassen; Vase: Ferm Living; Obstkorb: House Doctor; Figuren: Vintage; Vase auf der Fensterbank: Broste Copenhagen. **S 183** Bilder: Ini Neumann via Minimarkt; Schrank: „PS" Ikea; Kupfer-Korb: iva minimarkt; Schale: by Lassen. **S 184/185** Stuhl: Lys Vintage; Fell: Ikea; Tischplatte: Baumarkt; Tischbeine und Blumentöpfe: Hay; silberne Kisten: Impressionen; Kinderbett: Sebra via Lys Vintage; gelber Vogel: Donna Wilson; Schlange: Ferm Living; XO-Becher: Design Letters; Karton: House Doctor; Wickelkommode: „Troll Sun" via Sprösslinge Design; Tierköpfe an der Wand: via Bodie & Fou; Deckenlampe: Lys Vintage; Auflagenbezug: via Smallable. **S 186 oben** Tasche und Schuhe: Zara; Rautenkleber: via ohhhmhhh.de. **S 186 unten** Pistolenvase: Bloomingville; Kaffeekanne: Vintage. **S 187** Wandteller: via Lys Vintage; Lampe und Holzkiste: via Johanna Schultz. **S 188** Bank: vtwonen; Fell: Ikea; Kupfer-Konfetti-Wandsticker: ohhhmhhh.de; Kupferhaken: via Ting; Kupfer-Bügel: Hay. **S 189** Bilder: WhatWeDo via Lys Vintage; Kiste mit Kupferkugel: House Doctor; Kerzenständer: by Lassen; Vase: Ferm Living; Stühle: Lys Vintage; Felle: Ikea

IMPRESSUM

© 2014 Verlag Georg D.W. Callwey GmbH & Co. KG
Streitfeldstraße 35, 81673 München
www.callwey.de
E-Mail: buch@callwey.de

3. Auflage 2015

Bibliografische Information der Deutschen Nationalbibliothek
Die Deutsche Nationalbibliothek verzeichnet diese Publikation in der Deutschen Nationalbibliografie; detaillierte bibliografische Daten sind im Internet über <http://dnb.d-nb.de> abrufbar.

ISBN 978-3-7667-2111-2

Das Werk einschließlich aller seiner Teile ist urheberrechtlich geschützt. Jede Verwertung außerhalb der engen Grenzen des Urheberrechtsgesetzes ist ohne Zustimmung des Verlages unzulässig und strafbar. Das gilt insbesondere für Vervielfältigungen, Übersetzungen, Mikroverfilmungen und die Einspeicherung und Verarbeitung in elektronischen Systemen.

Alle Bilder in
WIE EINE WOHNUNG EIN ZUHAUSE WIRD
stammen exklusiv von Brita Sönnichsen.
Die Bildrechte sind der Fotografin vorbehalten.

KONZEPT, PRODUKTION, STYLING & TEXTE: Stefanie Luxat
PROJEKTLEITUNG: Caroline M. Ditting
LEKTORAT: Büro Anne Funck, München
GESTALTUNG: Schmid+Widmaier, München
DRUCK UND BINDUNG: KESSLER Druck + Medien GmbH & Co. KG, Bobingen

Printed in Germany

BIOGRAFIE DER AUTORIN

Stefanie Luxat ist freie Journalistin mit langjähriger Erfahrung im Wohn- und Kreativbereich der Zeitschrift Brigitte, als Stil-Redakteurin beim Stern, der Welt am Sonntag und Zeitschriften wie Maxi und Allegra. Heute schreibt sie für diverse Magazine, ist als Einrichtungsexpertin im Fernsehen und designt Wohnaccessoires. Sie hat bereits zwei Bücher geschrieben, den Hochzeitsratgeber Einfach heiraten! und die Kolumnensammlung Wie sag ich es meinem Mann? Über das Zusammenleben mit der anderen Spezies. Ihr Design- und Foodblog ohhhmhhh.de hat täglich mehr als 6000 Leser. Luxat lebt mit ihrer Familie in Hamburg. Weitere Infos zum Buch auf ohhhmhhh.de/wieauseinerwohnungeinzuhausewird

DIE AUTORIN SAGT HERZLICHEN DANK AN …

alle Wohnungs- und Hausbesitzern fürs Mitmachen. Ich weiß, niemand von Euch liebt es, fotografiert zu werden und Ihr habt trotzdem mitgemacht. Ihr seht super aus, tausend Dank! Auch für Euer großes Vertrauen in meine Idee. Und danke für die köstliche Bewirtung!

Danke an Charlotte Gueniau, Carmen Gloger und Wolfram Neugebauer, dass Ihr Euer Expertenwissen teilt.

Brita Sönnichsen – danke, dass du von meiner Buchidee gleich begeistert warst und gesagt hast, dass du mitmachst! Danke für die tollen Bilder und das unkomplizierte und lustige Miteinander.

Xenia Alt und Johanna Schultz fürs Rausrücken von Kontakten und überhaupt – einfach für alles. Kathrin Braun fürs Begeistertsein und unsere schönen Bürostunden. Marlene Sörensen fürs Lesen und sagen: „Das ist schön, weiter so, das wird schon!"

Meinem Mann Christian für seine uneingeschränkte Unterstützung und Liebe. Unserer Tochter Ruby: Danke, dass du so lieb in meinem Bauch geblieben bist, bis alles fertig war. Wir lieben dich sehr.

Meinen Blogleser/innen für ihre tägliche Euphorie und Unterstützung.

Holly Becker – danke, dass du mir bei deinem Buchevent Caroline vorgestellt hast.

Dr. Marcella Prior-Callwey und Caroline M. Ditting fürs Vertrauen, Diskutieren und dann doch oft Nachgeben.

Lutz und Sabine von Schmid+Widmaier Design für das großartige Layout.

Andreas Hagenkord und Laura Etscheid fürs unkomplizierte Mitmachen von Ideen und Euren PR-Einsatz.

Das Wetter, das uns sogar in Hamburg kein einziges Mal im Stich gelassen hat.

Herzlichen Dank an alle,

Stefanie Luxat

FOTOGRAFIN BRITA SÖNNICHSEN DANKT

Marc von sevengreen.de fürs Verfeinern ihrer Bilder.

711rent für Support mit Equipment.

Daley, Doreen, Gray, Jade, Julia und Petra sowie Ralf und Bernd für Vertrauen und Unterstützung.

Knut, Gustav und Arvid für Geduld und Liebe.